APUNTA A LAS ESTRELLAS

Leila Cobo, Oriunda de Cali, Colombia, es la directora ejecutiva de Contenido Latino y Programación de Billboard, la "Biblia" de la música a nivel mundial. Bajo su mando, Billboard ha ampliado la cobertura de la música latina a niveles sin precedentes, convirtiéndose en el único medio en inglés que cubre la música latina diariamente. Leila también programa y ha consolidado la Conferencia Billboard de la Música Latina, la más prestigiosa de la industria de la música latina en los Estados Unidos. También es la conductora y productora ejecutiva del programa televisivo *Estudio Billboard*, donde ha entrevistado a los más grandes artistas de la música latina, incluyendo a Maná, Juan Luis Guerra, Jenni Rivera y Gloria Estefan, entre otros. Como experta en música, ha sido invitada a juzgar múltiples concursos, incluyendo el Festival de la Canción de Viña del Mar, en Chile, y Objetivo Fama Internacional, en México. Además, fue crítica de música pop del Miami Herald y escribió sobre cultura para el *Los Angeles Times*.

Leila es una de las autoras de la *Enciclopedia Ilustrada de Música de Billboard* y una de las invitadas al libro de ensayos *Quinceañera*, publicado por HarperCollins. Como autora de ficción, publicó su primera novela, *Tell Me Something True*, en octubre de 2009 y en 2012 publicó su segunda novela, *The Second Time We Met*. En 2013 publicó la exitosa biografía *Jenni Rivera: La increíble vida de una mariposa guerrera*.

En 2008, la revista *Ocean Drive* en español la nombró uno de los personajes más poderosos de Miami. También ganó el Premio Orquídea, que honra a los colombianos en el exterior por su trabajo periodístico. Leila es considerada una de las líderes de opinión de la música latina y es un referente constante para la prensa especializada. Actualmente vive en Miami, Florida. Para mayor información, por favor visita su página: www.leilacobo.com.

APUNTA A LAS ESTRELLAS

LA GUÍA PARA HACER
de tu pasión musical
UNA CARRERA EXITOSA

LEILA COBO

PRESS

C. A. PRESS
PENGUIN GROUP (USA)

C. A. Press
Published by the Penguin Group
Penguin Group (USA) LLC, 375 Hudson Street,
New York, New York 10014

USA | Canada | UK | Ireland | Australia | New Zealand | India | South Africa | China
penguin.com
A Penguin Random House Company

First published by C. A. Press,
a division of Penguin Group (USA) LLC

First Printing, April 2014

LIBRARY OF CONGRESS CATALOGING-IN-PUBLICATION DATA:
Cobo, Leila.
Apunta a las estrellas: la guía para hacer de tu pasión musical una carrera exitosa/Leila Cobo.
   p. cm.
  ISBN 978-0-147-50869-0
  1. Music trade—Vocational guidance. I. Title.
  ML3795.C63   2014
  780.23—dc23   2014008497

Printed in the United States of America
10 9 8 7 6 5 4 3 2 1

Set in Adobe Garamond Pro
Designed by Sabrina Bowers

PUBLISHER'S NOTE
While the author has made every effort to provide accurate telephone numbers, Internet addresses
and other contact information at the time of publication, neither the publisher nor the author
assumes any responsibility for errors, or for changes that occur after publication. Further, publisher
does not have any control over and does not assume any responsibility for author or third-party
Web sites or their content.

A todos los artistas que he tenido el honor de entrevistar.
Sus carreras son inspiración.

Contenido

Introducción   ix

Prólogo: El nuevo negocio de la música   1

1. No hay música sin inspiración   9

2. El trabajo es esencial   25

3. Una de las mejores escuelas: el escenario   39

4. La identidad   57

5. El factor X   71

6. La prensa   77

7. El publicista   91

8. Las redes sociales e Internet   99

9. El mánager   111

10. Yo sólo quiero sonar en la radio   123

11. Mis canciones, mi tesoro:
Cómo promover y proteger tus canciones 135

12. Las organizaciones de derechos de ejecución 149

13. La editora 159

14. De dónde nacen las canciones 167

15. Firmar con un sello discográfico 173

16. El contrato 185

17. Toma las riendas de tu carrera 195

18. La distribución 205

19. El disco ideal 215

20. Caminante no hay camino… se hace camino al andar 223

Agradecimientos 227

Apéndice: Las conferencias y los festivales 229

Glosario 233

Nota de la autora 239

INTRODUCCIÓN

Conocí a Marc Anthony por primera vez un jueves por la noche en The Grand, un club de salsa en el centro de Los Ángeles. No era un lugar glamoroso ni elegante ni particularmente grande. Era uno de los poquísimos clubes de salsa que existían en Los Ángeles a mediados de los años noventa, y sus mesas negras y paredes de cristal oscuro me recordaban las discotecas de mala muerte de Cali, Colombia, la ciudad donde nací y donde descubrí todo lo que era la música, empezando por la salsa que nutre a todos los caleños desde que dan su primer grito al nacer, hasta la música clásica que aprendí a tocar.

Lejos de Cali, tan lejos que tendría que atravesar cambios de horario para volver a casa, devoraba la salsa donde la encontraba, y The Grand no solo era lo más cercano a casa sino que la música en vivo era de primerísima calidad.

Allá íbamos con nuestros amigos tarde los sábados y bailábamos hasta que cerraban el club. Pero aquella noche yo no iba solo a bailar, sino también a trabajar.

Era una reportera neófita en *Nuestro Tiempo*, la separata en español que en ese entonces publicaba el *Los Angeles Times* todas las semanas. Era mi primer trabajo en el periodismo escrito, y no tenía noción del descanso, editando durante el día y cubriendo música en vivo durante la noche. En esta ocasión, había recibido una llamada de la publicista de RMM Records invitándome a ver a su nueva estrella en desarrollo.

Se llamaba Marc Anthony y ya tenía algunos éxitos radiales —"Te conozco bien", "Te amaré", "Hasta que te conocí"—, canciones que resaltaban una voz diferente, con un timbre único. Yo quería escucharlo en vivo, la prueba definitiva para saber si un artista es "de verdad", si lo que suena en la radio realmente es lo que se ve en la escena.

En vivo, Marc Anthony era mejor. Su *look* era completamente diferente al de los cantantes románticos de esa época: era flaco, flaco, flaco, desgarbado, con un pelo largo y crespo amarrado en una cola de caballo. Pero cuando abría la boca y cantaba, te hacía olvidar de todo lo demás, incluso en el escenario poco glamoroso de The Grand.

Esa noche, me acerqué lo más que pude al escenario, mirando cuidadosamente cada detalle: la manera en que cerraba los ojos cuando cantaba, la casi falta de esfuerzo que requería su voz, la emoción que encerraban cada palabra y cada nota.

"Este", pensé yo, "es distinto".

Después de la presentación lo entrevisté en el "camerino", que en realidad era un pequeño espacio con un banco estrecho, donde encontré a Marc Anthony acostado cuan largo era, su cabeza descansando encima de su brazo. Sudaba como si hubiera corrido una maratón.

Hablamos. De la música. De su contrato discográfico. Por años había trabajado como corista para innumerables agrupaciones de salsa y esta era su gran oportunidad como solista.

Y hablamos del éxito.

"Sabes", me dijo, "me siento bien. Por primera vez en mi vida tengo siete mil dólares en el banco".

¡Siete mil dólares! La cifra se quedó conmigo por mucho tiempo. Creo que fue la primera vez que realmente entendí que el éxito se medía no solo por talento sino también en dólares y centavos, y que los dos conceptos no siempre eran sinónimos y tampoco iban de la mano simultáneamente.

Pero no fue mi única conclusión de la noche. En Marc Anthony, decidí, estaba viendo el nacer de una estrella. El hombre tenía talento, carisma, buenas canciones y *sex-appeal*, pese a su flacura. ¿Qué más se podía pedir?

Muchísimo más, como me daría cuenta con el pasar de los años. De hecho, de mis predicciones de estrellato de aquellas épocas, solo acerté con poco más de un puñado. Hoy en día, mis predicciones son mucho más certeras. Hoy en día, cuando escucho nuevas canciones, mi oído percibe con más tino cuáles funcionarán en la radio. Y hoy en día —a pesar de que no hay bola de cristal que sirva en la industria de la música— puedo vislumbrar mucho mejor el potencial de un nuevo artista. Y, aun así, me equivoco con frecuencia. Me tomó mucho tiempo comprender que, muy a pesar mío, el talento es apenas un solo ingrediente de la receta del éxito musical, y en algunas ocasiones, ni siquiera es el ingrediente más importante.

La pregunta más frecuente que me llega es: ¿Cómo identificas quién será una estrella?

Y la respuesta es: No lo sé. No existe una fórmula. Lo que sí sé, y lo que sabemos todos, es que cuando se nos pone enfrente alguien que realmente posee esa calidad de estrella, inmediatamente lo sabemos. Es la voz que nos hace subir el volumen de la radio, es el timbre que nos hace interrumpir la conversación, es la música que nos hace voltear la espalda a lo que sea que estábamos haciendo y escuchar. El talento neto —una voz maravillosa, una presencia escénica desenvuelta, la capacidad de cubrir varias octavas o de tocar un instrumento a la velocidad de la luz— es medible. Para eso existen los concursos musicales e incluso los programas televisivos como *The Voice* (*La Voz*, en español), donde en las primeras rondas los "coaches", o entrenadores, tienen audiciones a ciegas, donde no pueden ver al concursante, solo escucharlo. La idea detrás de esa práctica es que realmente se seleccione a los aspirantes con las mejores voces, sin que interfieran ni el físico ni los ademanes en escena.

Pero ser talentoso o ser un buen músico es diferente a tener calidad de estrella. Ese ingrediente no es tan fácil de medir ni de describir. Pero una cosa es segura: cuando lo vemos, lo reconocemos; o como dicen en inglés, *I know it when I see it*.

Es un poco como el amor a primera vista. No sabemos decir si fueron los ojos, o la sonrisa, o la manera de bailar, o el perfume, o si quizás fue sencillamente el momento. Lo que sí sabemos es que hay una conexión inmediata y eléctrica.

"¡Ese es!", le decimos emocionadas a las amigas. "Conocí a una chica increíble", le dice el hombre a sus amigos. Lo mismo sucede cuando se presenta ante nosotros alguien que tiene un "algo" que no se puede definir pero que va más allá del talento y de la belleza y la nitidez de la voz. Es como si en un desfile de ropa gris de repente apareciera un vestido rojo.

Ese es el ingrediente secreto que lleva a un productor o a una disquera a decir, "Quiero trabajar con este artista", como hizo el mánager Scooter Braun después de ver un video de un Justin Bieber jovencito en YouTube. O como hizo el productor Sergio George cuando vio un video de Prince Royce.

Pero no todos los artistas que tienen ese ingrediente secreto llegan a tener éxito. De hecho, la historia musical está repleta de intentos fallidos, de carreras truncadas por miles de motivos, de artistas que arrancaron pero nunca vivieron su potencial. Y si no es suficiente ni el talento ni ese algo que separa a la verdadera estrella del montón, ¿entonces qué es lo que entra en juego?

Entre otras cosas, perseverancia, suerte, circunstancias, carisma, apoyo económico, una buena disquera, un buen mánager, una buena canción y una buena promoción. En otras palabras, se necesita un cóctel de ingredientes cuyas medidas y efectos cambian constantemente, y cuyo resultado final puede ir de lo sublime a lo mediocre aun cuando se siga la receta al pie de la letra.

Yo empecé mi carrera queriendo ser artista. Estudié piano desde muy chiquita y soñaba con tener una carrera en el escenario, de alguna forma u otra. Algunos días quería ser pianista clásica, otros días aspiraba tener una carrera como actriz de Broadway. Si hubiera podido, me hubiese encantado tocar piano y cantar, a lo Elton John.

Pero no tenía ni idea de cómo alcanzar estas metas. Yo vivía en Cali, una ciudad en la cual no había una sola estrella de Broadway ni tampoco ninguna artista femenina que tocara piano y cantara. De hecho, en aquella época en Colombia —salvo uno o dos nombres— sencillamente no había mujeres haciendo música popular. Pero sí había algunos recursos, y los aproveché. Toda mi infancia y adolescencia estudié música en el Conservatorio Antonio María Valencia de Cali. Toqué distintos tipos de música —desde clásica hasta jazz— con numerosos grupos. Canté en coros y participé en musicales. Me pasaba mis fines de semana en ensayos. Pero se entendía que la música y el teatro eran un pasatiempo solamente y que debía estudiar una carrera "seria" en la universidad, una carrera con la cual me pudiera ganar la vida.

Fui a Bogotá a estudiar periodismo, pero la música era lo que me llenaba. Vivía en casa de una tía viuda que tenía un piano de cola, para así poder practicar mis cuatro horas al día. Un buen día, pedí una cita con el director de una pequeña y prestigiosa sala de conciertos y toqué una audición para él. Me contrató y toqué mi primer concierto profesional, al que asistieron mis amigas de la universidad. Combiné la música y el periodismo durante cuatro años y, al mes siguiente de graduarme, fui a Nueva York e ingresé al Manhattan School of Music a estudiar piano clásico y a dedicarme completamente a la música, tocando conciertos cada vez que podía.

Pero así como amaba la música, también amaba el periodismo, y con el tiempo, busqué la manera de juntar ambas disciplinas, finalmente inclinándome más por la escritura que por el piano. A menudo me preguntan por qué dejé el piano. En realidad, no lo "dejé", pero sí pasó a un segundo plano. Con el pasar del tiempo, me di cuenta de que me faltaban varios ingredientes de aquel cóctel de éxito. Me faltó consejo, me faltó mánager, me faltó conocimiento de la industria. Pero, principalmente, me faltó tener la convicción absoluta de que mi destino estaba en un escenario y también me faltó tener una identidad musical definida.

Hoy en día, después de ser escritora de cultura para el *Los Angeles Times*, después de ser la crítica de música pop del *Miami Herald* y después de diez años en Billboard, no hay semana que pase sin que alguien me envíe su canción, su álbum, una invitación a un concierto, y me pregunte: "¿Qué piensa de mi trabajo?", "¿Cómo puedo lograr tener una carrera en la música?", "¿Cómo puedo llegar a la fama?".

Son las mismas preguntas que yo me hacía hace tantos años, pero no encontraba quién supiera responderlas. En este libro, he aglutinado mi experiencia y conocimiento junto con las palabras y opiniones de músicos de todo el mundo —desde Laura Pausini y Gloria Estefan hasta Daddy Yankee y Romeo Santos— para dar las mejores respuestas posibles y ayudar a todos aquellos que aspiran a tener una carrera en la música.

Mi esperanza es que *Apunta a las estrellas* se convierta en una guía útil y práctica, pero también en una fuente de inspiración para todos los que sueñan con la música y el estrellato.

Recuerden, siempre habrá obstáculos en el camino, pero como bien lo dijo el filósofo alemán Friedrich Nietzsche, "Sin música, la vida sería un error".

APUNTA A LAS ESTRELLAS

PRÓLOGO

El nuevo negocio de la música

*T*odo artista sueña con firmar un contrato discográfico, sonar en la radio y vender su música al mayor número de personas posible. Anteriormente, este era el único camino al estrellato. Pero hoy, el negocio de la música es otro y es importante que todo artista lo sepa.

Cada año se lanzan alrededor de cien mil discos al mercado en Estados Unidos solamente. De esos, solo unos cinco mil venderán más de mil copias. La caída en las ventas ha llevado a buscar otras formas de ingreso y aquí entran los nuevos paradigmas.

Anteriormente, el mánager y el sello se encargaban de la vida del artista, de la A a la Z. El mánager te llevaba a la disquera, lograba que te firmaran, revisaba tus contratos, te daba dinero para los gastos —de hecho, te vestía, te alojaba, te peinaba y te maquillaba. Tu única preocupación como artista era verte bien, sonar bien y cumplir con tus obligaciones. ¿Y el sello? El sello lo era todo. Si un sello disquero se emocionaba con un artista, el éxito estaba asegurado. Las inversiones no tenían límite. Si un artista demostraba promesa, el sello promovía sus temas incansablemente en las radios y en las tiendas. El sello se encargaba de toda la publicidad y el mercadeo.

En realidad, la labor del artista era seguir órdenes, cumplir y cobrar, pues en esas épocas, las ventas de discos eran tan y tan altas, que los artistas tenían regalías aseguradas. Todo lo demás —las giras, los contratos publicitarios, los patrocinios— llegaban después. Era lo que se llama desarrollo artístico (*artist development* en inglés): la inversión de tiempo, dinero y recursos en el desarrollo del potencial.

Era una buena inversión, pues hasta el comienzo del año 2000, los discos físicos se vendían por cantidades asombrosas y eran el soporte principal de la industria. Por un lado, no había tantos artistas. No los había porque tanto grabar como distribuir música eran procesos costosos que requerían o una disquera o un monto grande de dinero. Hasta que se popularizaron y comercializaron los estudios de grabación caseros —alrededor del año 2000—, todas las grabaciones tenían que hacerse en un estudio profesional que era una inversión cara. Y por otra parte, la distribución de producto físico —antes de que existiera la música digital— también era costosa y requería de una infraestructura importante para llevar el producto a las tiendas.

Pero los discos que sí salían al mercado por medio de las disqueras vendían cantidades astronómicas —después de todo, no había otra alternativa para comprar música— y la ecuación económica era enormemente favorable, pues el costo de fabricar un disco era relativamente pequeño y el precio al consumidor en ese entonces —en las épocas en que no había piratería ni venta digital— era alto. Al final, todo el mundo quedaba feliz. Las disqueras vendían su producto como pan caliente con un gran margen de ganancia. El artista ganaba al recibir o regalías o grandes avances. Y el consumidor, que a menudo compraba un producto caro y no tan bueno, no se quejaba pues no había ninguna alternativa. Si escuchaba un sencillo fantástico en la radio y quería comprarlo, la única manera de hacerlo era comprando el disco completo.

La ecuación cambió dramáticamente con la llegada del CD y la era digital. En primer lugar, el disco compacto, o CD, reemplazó al vinilo, lo cual llevó a grandes ventas de música, pues las personas querían convertir sus colecciones de música a discos compactos. Pero casi inmediatamente se desató la piratería física. Los discos compactos eran fáciles de copiar, ¡y baratísimos! De la noche a la mañana, el codiciado disco con su codiciada música perdió su valor. Uno podía caminar por las calles de cualquier mercado de pulgas y comprar una copia idéntica del disco que en una tienda costaba $15 o más, por una fracción del precio. No solo eso. Era tan y tan fácil copiar la música a CDs, que los "piratas" más avispados no solo copiaban discos enteros, sino que también fabricaban compilaciones de grandes éxitos que no se conseguían en el mercado legítimo.

En un abrir y cerrar de ojos, colapsaron las ventas legítimas de música, particularmente en América Latina, donde controlar la piratería de discos compactos era asunto de muy baja prioridad para las autoridades.

El golpe de gracia llegó con la música digital y la piratería por Internet. Ya no solo era cuestión de pelear por la venta de un disco físico; resultó que también se podían bajar las canciones por Internet ¡gratis!

El saldo final fue el colapso de las ventas de música a nivel mundial. Según la Federación Internacional de la Industria Fonográfica (IFPI, por sus siglas en inglés) en 2012 el valor global de las ventas de música fue de $16,5 billones, comparado con $36,9 billones el año 2000. Y aunque el recaudo por la venta y distribución digital ha ido en aumento, de ninguna manera compensa, al final del día, las ventas físicas de antaño.

¿Qué significa esto para los artistas? Hoy en día, la piratería ha disminuido las ventas de música a tal grado que pocos artistas venden suficientes discos para justificar la inversión que hace una disquera. Al mismo tiempo, las disqueras se han encogido y se han vuelto mucho más selectivas que antes. Buscan artistas proactivos, que ya tengan una historia que contar y que estén dispuestos a trabajar hombro a hombro con la compañía (ver capítulo 16, "El contrato"). Y por su parte, los artistas buscan disqueras (o deberían hacerlo) que miren el negocio de otra manera; disqueras que no estén obsesionadas solamente con conseguir las muy elusivas ventas, sino que también vean el negocio como algo multifacético, donde los ingresos vengan no solo de vender discos sino de patrocinios, sincronizaciones (el uso de la música en comerciales, películas y otros fines), licencias y presentaciones en vivo.

Por otra parte, hoy en día existe Internet y todo lo que conlleva: YouTube, Facebook, Twitter y tantas otras redes sociales. Hoy, una disquera puede ver inmediatamente en línea si un artista ya tiene seguidores y visitas, y esas estadísticas afectan su interés. Mientras que antes los artistas se firmaban casi enteramente sobre la base del instinto o la recomendación, hoy se buscan resultados tangibles antes de firmar cualquier compromiso.

Lo cual quiere decir que tú, como artista, puedes hacer —y tienes que hacer— cosas que un artista hace veinte años no hubiera soñado hacer. En este nuevo mundo, el mercado de la música y la situación del músico son difíciles, pero las herramientas para crear música, promocionar esa música, generar una base de fans y tener una larga carrera son muchas.

Quizás por primera vez en la historia, grabar un álbum está al alcance económico de muchísimos artistas gracias a la disponibilidad de equipos de grabación de buen precio que se pueden instalar en casa y conectar a un computador. Gracias a la distribución digital, los costos de distribución son mínimos, y un artista independiente puede muy fácilmente ver su música disponible alrededor del mundo por distintas ventanas digitales.

Por primera vez en la historia un artista puede, con una módica inversión, producir su propio álbum, montar su propia tienda virtual, vender su música, producir videos, subirlos a YouTube y promocionarse él mismo. Para tener éxito masivo todavía se necesita una disquera —hay muy pocas excepciones a esta regla y por razones que desglosaremos más adelante— pero aun así, tú como artista puedes echar a andar un proyecto y darle el impulso que necesita para crear una nutrida base de fans y para que una disquera, grande o pequeña, lo note.

Por lo tanto, debes buscar tus propias oportunidades, debes auto-promocionarte, debes crear tu propio equipo, debes alimentar tus redes sociales, debes buscar patrocinadores para subsidiar tu promo-ción. En otras palabras, debes estar dispuesto a ponerte las pilas y hacer el mismo trabajo que hace tu disquera, o aun más. Las épocas del artista que se encerraba todo el día en casa a crear han terminado. Hoy, el artista crea, y promociona, y conoce, y hace relaciones públi-cas, y dirige obras benéficas, y da conciertos, y envía mensajes en Twitter y Facebook, y pareciera que jamás descansa.

Y hoy en día, porque hay tantas posibilidades, y tantos medios y tanta competencia, el artista tiene que ser mejor, más preparado y más único que nunca para poder resaltar y salir adelante.

En este libro encontrarás consejos que van desde lo inspirador a lo práctico. Hay consejos que te parecerán obvios, pero en mi experien-cia, lo más obvio a menudo es lo más importante y también lo que más se ignora. No dejes a un lado las cosas obvias, pues tienden a ser las que definen o acaban una carrera.

Ante todo, mantén la mente abierta, trabaja duro y busca siempre y por encima de todas las cosas la excelencia musical. Si eres consis-tente en tu trabajo y creas música emocionante, distinta y excelente, encontrarás el camino para lograrlo. Es solo cuestión de tiempo.

Hay muchas personas que sueñan con una carrera musical senci-llamente porque quieren fama y dinero. Si tu eres una de esas perso-nas, este libro no es para ti. Este libro es para aquellas personas que aman la música, que despiertan con ella y se acuestan con ella, que no puedan imaginar un mundo en el cual no hagan música y en el cual cada día no sueñen con algo diferente y emocionante a través de su arte. El éxito en esta carrera casi exige un amor desmesurado por la música y el escenario. Si no lo tienes, tu éxito será efímero, o, lo que es aún peor, será un éxito solo de imagen, más no de calidad artística.

Pero si eres el artista que todos queremos ver, si eres el artista que nos hace escuchar y, más importante aún, si eres el artista que está dispuesto a todo por su carrera, en estas páginas acompañaré y apoyaré tu aventura.

CAPÍTULO 1

No hay música sin inspiración

*N*o importa cuánto se trabaje, no hay éxito sin un producto musical contundente. Y no hay música sin inspiración.

Todos los grandes artistas están totalmente comprometidos con la música. Es algo que va más allá de la posibilidad del dinero y la fama para convertirse casi en una necesidad física. Los grandes artistas tienen una perseverancia inagotable porque no conciben la vida sin la música. La música los llena espiritualmente, los hace felices, es su razón de vivir.

Este punto es absolutamente fundamental. Una persona puede ser supremamente talentosa o poseer una voz excepcional, pero si esa persona no está enamorada de la música y de lo que representa, es poco probable que se convierta en una gran estrella. Hay que mencionar que hay un buen número de artistas para los cuales la fama es más importante que la música, pero este tipo de artista es cada vez menos común y su éxito es cada vez menos duradero.

No debe sorprender, entonces, que la mayoría de las grandes estrellas descubran su vocación de pequeños. Para algunos, la vocación viene de su misma casa, a menudo de una familia musical. Para otros, está en el entorno; de alguna forma u otra, han crecido rodeados de música. Y para otros, la música sencillamente llega y es recibida. No importaba que hubiera alrededor, la música habría encontrado su camino hacia ellos.

"Mi padre es un músico", recuerda la cantante italiana Laura Pausini. "Y tocaba en un piano-bar en nuestra región. El día de mi octavo cumpleaños, mi padre tocaba ahí, y mi madre me dijo, 'Vamos contigo y tu hermana a ver tocar a tu papá'. Mi padre con el micrófono en frente me dice: 'Laura, hoy que es tu cumpleaños, ¿qué quieres?'. Él se imaginaba que yo iba a decir una muñeca, o algo por el estilo. Y yo dije: 'Quiero el micrófono, quiero cantar'. Y él estaba, que no te digo, con los ojos así de grandes. Y aquella noche he empezado a cantar con él".

La historia de Pausini es una historia que yo escucho constantemente. Es la historia del padre cuyo hijo sólo quiere cantar. De la madre que debate si invertir en la compra de un piano, pues su hija insiste que quiere aprender a tocar. Es la historia de la abuela que paga las clases de canto de su nieta, que sueña con hacer teatro musical. Esta hambre musical es innegable, es inmediatamente reconocible y no es frívola ni pasajera.

Por muchos años, cuando era estudiante de música, trabajé dando clases de piano a niños de distintas edades. Mis estudiantes eran como cualquier otro grupo de estudiantes: algunos por encima del promedio, unos pocos pésimos y la mayoría buenos estudiantes que hacían un esfuerzo por practicar y traerme sus lecciones bien estudiadas. Aunque muchos claramente disfrutaban de la música y las clases, más que todo tocaban piano porque sus padres insistían y no querían defraudarlos. Pero siempre, no importaba dónde estuviera enseñando —en las escuelas pobres de Harlem donde pagar clases de piano privadas era un verdadero esfuerzo; en los suburbios de Los Ángeles, donde el dinero abundaba; en Chinatown en Nueva York, donde las madres exigían que sus hijos practicaran dos horas diarias— siempre había uno o dos niños que inmediatamente sobresalían. No eran necesariamente los que mejor tocaban o los que mejor técnica demostraban, pero la música les brotaba por los poros. Se sentaban al piano y se transformaban. La música bajo sus dedos no sonaba como una lección sino como un arte. Esta es la misma cualidad que todos reconocemos cuando vamos al concurso de talento o el concierto navideño de la escuela y, de pronto, en ese mar de niñitos cantando y bailando, reconocemos un diamante en bruto que acalla al auditorio entero. Es difícil articular lo que percibimos en estos momentos, pero es una mezcla de pasión e inspiración por la música que muchas veces no tiene un origen claro. Los adultos que reconocen esta cualidad en sus hijos o parientes o estudiantes a menudo no se explican de dónde viene; simplemente saben que existe, y que deben hacer algo para fomentarla.

"Mi primera memoria musical es en El Cuartelito, que es el nombre que le pusimos a los apartamentos que alquiló mi mamá en Miami cuando vinimos de Cuba", recuerda Gloria Estefan, una de las artistas latinas mejor conocidas del planeta. "Escuchábamos los discos viejos de Cachao, Olga Guillot, Celia Cruz que mi abuela nos enviaba desde Cuba con mi compota porque no teníamos dinero para comprar música. Y también a Joselito [el cantante español famoso de niño en los años cincuenta y sesenta], porque mi abuelo me llevaba a ver sus películas. Mi primer 'amor' fue Joselito. Colocaba sus discos en El Cuartelito, tenía tres, cuatro años, y este niño me hacía llorar. Yo no sabía por qué; el sonido de su voz, y su tono angelical. Y me aprendía las canciones y se las cantaba a mi madre. Tengo memorias muy vívidas de eso, de cantarle a capela a mi madre y a sus amigas y todas lloraban. Yo decía: '¿Por qué me haces cantar si van a llorar?'. Me imagino que como era mi escape, mi manera de darle rienda a mis emociones, ellas podían sentir la emoción detrás de mi voz. Hasta el día de hoy pienso que eso es lo que atrae a las personas [a mi voz]. Saben que están escuchando algo honesto y de corazón, porque técnicamente no soy la mejor cantante.

"También recuerdo la primera canción que me hizo erizar la piel.

13

Tenía seis años. Mi mamá y yo estábamos en la lavandería. Y exactamente en ese momento empezó a sonar 'Ferry Cross the Mersey', de Gerry and the Pacemakers. Eran anteriores a los Beatles. Y había algo de esa canción. Ahora me doy cuenta que esa canción me habló tanto porque es un bolero y tiene maracas y bongos. La melodía, la armonía, la melancolía. Y hasta este día, cada vez que escucho esa canción, me regresa a esa lavandería".

Estefan le cantaba a su madre, pero con el tiempo, aprendió a tocar la guitarra.

"Tomé clases con el hijo de Rolando Ochoa. Él había sido una estrella infantil en Cuba y estuvo en el ejército con mi papá. Me dio mis primeras clases de guitarra cuando yo tenía ocho años y vivíamos en Carolina del Sur. Una vez aprendí a tocar, me encerraba en mi cuarto a tocar. Mi papá me regaló mi primera guitarra. Cuando llegamos a Miami me la dio de sorpresa cuando cumplí doce años. Todavía la tengo. Emilio [Estefan, su esposo] me la mandó a arreglar ¡porque estaba toda golpeada!"

La primera guitarra. El primer piano. El primer oboe. El primer tambor. El sonido de la trompeta. Cuando hablo a fondo con los artistas, tienden a recordar muy específicamente su primer instrumento y lo que hizo por ellos. Estefan habla de la guitarra que le regaló su padre, y cuando la entrevisté para el programa *Estudio Billboard,* la trajo consigo para interpretar un tema acústico. Sigue siendo la guitarra que usa para componer.

El pianista Arthur Hanlon recuerda vívidamente el día que sus padres compraron el primer piano de la familia, un evento que cambió su vida por completo cuando tenía sólo seis años de edad.

"Éramos siete hermanos y hermanas. Era una noche de invierno, y unos señores entraron el piano a casa", recuerda Hanlon, que creció en Michigan. "Recuerdo perfectamente cómo lo armaron, cómo olía el aire esa noche. Un amigo de mis padres que tocaba llegó a casa esa noche para estrenar el piano, y mis hermanos todos estaban bailando alrededor. Pero yo no. Yo me senté en las escaleras detrás del piano, mirándolo tocar. Me parecía increíble que todo ese sonido pudiera estar saliendo de ese piano. ¿Cómo lo hacía? Al día siguiente, empecé a tocar, y nunca paré".

Años después, cuando empezó a ganar dinero con su música, Hanlon ahorró para poder comprar *su* propio piano de cola. El instrumento que podía financiar en ese entonces era un Yang-Chen, una marca poco conocida hecha en China que no se comparaba en calidad o reputación con marcas vanagloriadas como Baldwin, Yamaha o Steinway. Pero Hanlon, quien hoy tiene cuatro pianos en su casa de distintos tamaños y marcas, rehúsa vender o regalar su Yang-Chen. "Es mi amigo, el que me acompañó siempre", dice. "Nadie me lo regaló. Lo compré yo, con mi trabajo".

El primer instrumento es a menudo el primer paso hacia una carrera artística, pues es imposible entender lo que puede hacer la música sin vivir lo que se siente al crearla. Hay millones de niños en el mundo entero que toman clases de guitarra y de piano porque sus padres los obligan. Pero a los que son artistas de verdad se les abre un mundo de posibilidades infinitas.

Si notas que un niño cercano a ti demuestra aptitudes musicales —porque baila constantemente, porque canta constantemente, porque profesa amar la música— pregúntale qué instrumento le gustaría tocar. Pregúntale si sueña con cantar. Y si está en tus manos hacerlo, ayúdalo. La vocación no puede desarrollarse sin la oportunidad. Y la vocación musical necesita de instrumentos, de práctica y de apoyo.

Alex González, el baterista de Maná, cuenta que creció en circunstancias muy humildes en Miami, pero desde chiquito descubrió su pasión por los instrumentos de percusión. Sin embargo, su familia no tenía los medios para comprarle una batería, entonces González construyó su propia colección de tambores con cajas de cartón y ollas de la cocina de su madre. Hasta que una de sus maestras de la escuela le regaló una pequeña batería de juguete, que González aún recuerda como "el mejor regalo que me han dado".

¿De dónde sacó González su pasión por la música? ¿De dónde la sacó Hanlon? En ambos casos, las circunstancias cambiaron el rumbo de sus vidas. Pues aunque muchos artistas crecen rodeados de música, sorpresivamente he encontrado pocos como Pausini o Estefan, cuyos padres eran o músicos de profesión o aficionados serios (en el caso de Estefan). Más bien, pareciera que muchos músicos en potencia llevan un gen dormido adentro que solo falta despertar y que despierta porque encuentran música a su alrededor.

Una vez que alguien expresa su interés por la música, el paso siguiente es aprender cómo se hace la mejor música posible. Aunque muchos artistas no tienen educación musical formal, sí se han instruido de otras formas, ya sea tocando con otras personas, participando en los grupos o las presentaciones escolares o, en la menor parte de los casos, estudiando las grabaciones y videos de sus ídolos. Yo soy pianista clásica y, como tal, siempre he sido partidaria de estudiar un mínimo de música formalmente. Recuerda que esto no se limita a practicar escalas. Un buen profesor de música —ya sea el serenatero de la esquina o el maestro del conservatorio— puede enseñar desde técnica, acordes y progresiones armónicas hasta interpretación y movimiento. Recuerdo mucho haber estado una noche en un bar de Miami, rodeada de músicos —desde compositores hasta artistas conocidos. En un momento dado, varios tomaron el escenario y nos dieron un concierto improvisado.

"Es increíble que puedan sonar tan bien cuando nunca han tocado juntos", me dijo un amigo, incrédulo.

"No, no es increíble", le contesté. "Son músicos profesionales. Conocen su oficio. Han estudiado".

Y ese estudio a veces aparenta no serlo, pues los artistas en desarrollo se pueden pasar horas enteras frente a su instrumento, practicando.

"Yo presentía que quería ser músico desde que era muy pequeño, porque yo me sentaba a tocar la guitarra y sentía algo, una conexión", recuerda el artista colombiano Juanes. "A los trece, catorce años realmente me di cuenta que no había nada que hacer. Yo realmente quería irme con la música; encontraba en ella una manera de proyectar mi alma que no tenía de otra forma".

Para el verdadero artista, la música no es una opción ni una decisión: es una verdadera vocación que tarde o temprano encuentra a su dueño. Pero aunque la música se pueda descubrir por casualidad, solo se perfecciona por medio del estudio y la práctica.

"Mi papá jugaba basquetbol y traía música de todo el mundo", cuenta Juan Luis Guerra. "Y también, al lado de mi casa estaba el Teatro Independencia que era donde se presentaban las grandes estrellas de ese tiempo. Por eso siempre digo que en el patio de mi casa hasta los aguacates cantaban. Y toda esa música la fui asimilando. El primer instrumento que pedí fue el piano. Pero nunca recibí un piano. Sin embargo, empecé a tomar clases de guitarra e ir al conservatorio, y ya a los diecisiete, dieciocho años estaba decidido a estudiar fuera".

Pero los padres de Guerra hicieron algo que muchos padres han hecho antes y siguen haciendo hoy: le insistieron en estudiar una carrera académica con la cual pudiese "ganarse la vida". Guerra les dio el gusto matriculándose en la facultad de Filosofía y Letras, una carrera que, hoy dice, lo ayudó a desarrollarse como letrista.

"Tú empiezas a coquetear con poesía, Neruda, Borges, Federico García Lorca, empiezas a leer, te comienzas a empapar y eso ayuda muchísimo", explica Guerra.

Pero al año tiró la toalla: él lo que quería era su música.

"No acabé Filosofía", recuenta Guerra, que en todo este tiempo tocaba por las noches en un hotel. "Al año estaba loco por irme de ahí. Le dije, 'Mamá, ya no puedo más. Quiero estudiar mi música fuera, y me quiero ir a Berklee College of Music'. Mi mamá era una mujer muy dulce, muy tierna, y lo que quería era agradarme, y me dijo,

'Vamos a enviarte', y me enviaron con muchísimo esfuerzo. Ellos sabían que no era un capricho", dice Guerra, todo este tiempo después.

El apoyo es fundamental

La carrera musical es larga, difícil y sacrificada. Está llena de obstáculos y espejismos, de promesas que se hacen y no se cumplen, de dinero que se promete y no llega, de estrellato que parece estar a milímetros de distancia pero es imposible de alcanzar. En mi carrera como escritora me he topado con docenas y docenas de artistas de gran promesa que se quedaron a medio camino y finalmente tiraron su sueño por la borda.

No permitas que esa sea tu historia. A medida que el artista crece y se desarrolla, necesitará un equipo de gente a su alrededor para coordinar los múltiples aspectos de su carrera. Pero en los comienzos, una sola persona puede hacer la diferencia.

El apoyo de la familia, de la escuela, de una maestra, de un amigo, de un pariente o de ALGUIEN, es fundamental para el desarrollo de un artista. Esto es cierto para el artista más grande como para el más chico. Heriberto Canela, padre del cantante, compositor y actor Jencarlos Canela, siempre creyó ciegamente en el talento de su hijo. Desde el momento en que Canela todavía cursaba la secundaria, en el New World School of the Arts en Miami, su padre decidió que el aclamado productor Rudy Pérez, quien había hecho álbumes para Luis Miguel, Cristian Castro y Luis Fonsi, tenía que escucharlo, y empezó a enviarle paquetes con música a su oficina. No dio resultado.

"Después de siete meses de mandar todos los días, el asistente me dijo: 'Ni mande un paquete más'", cuenta Canela padre. "Me colgó el teléfono, pero yo le seguí mandando paquetes. Y nunca me contestaron hasta que Rudy lo vio en vivo en un evento en que Jencarlos estaba cantando".

En ese momento la historia fue otra. En vivo, Pérez vio esa chispa, esa cualidad indescriptible de la cual hemos hablado. Ya completamente convencido del talento de Canela, empezó a trabajar con él y con el tiempo lo llevó a la cadena televisiva Telemundo, donde se le dio una oportunidad para actuar y grabar el tema de una telenovela. Pérez llevó la música de Canela a todos los grandes sellos disqueros, y cuando todos lo rechazaron, lanzó el disco con su propia compañía (hoy en día, Canela está firmado con el sello Universal Music Latin Entertainment).

En otras palabras, Canela tenía el talento, las ganas y el deseo, pero también tuvo el apoyo constante e infatigable de su padre, y después, de su productor y mentor. Esto, a mi manera de ver, es indispensable. A medida que un artista crece en importancia y fama, necesita no una sola persona, sino un gran equipo. Pero al comienzo, una sola persona puede hacer la diferencia. Una sola persona puede alimentar una inspiración y determinar el que una carrera mantenga su curso

"Hay dos momentos determinantes", me dijo Shakira cuando la entrevisté con motivo de su reconocimiento como Persona del Año de la Academia Latina de la Grabación en 2011. Hablaba del momento en que supo que la música era la suyo.

"Uno es cuando escribí mi primera canción a los ocho años", contó Shakira. "Se volvió una adicción terapéutica lo de escribir, lo de poner en papel mis ideas y jugar a encontrar melodías también. A mi mamá le hice el primer poema cuando tenía cuatro años. Yo a los tres años ya escribía y leía y a los cuatro hice mi primer poema y se lo dediqué. Y a los ocho escribí mi primera canción. Fue cuando descubrí que la melodía y la letra podían surgir de mí y formar una canción. La canción se llamaba 'Tus gafas oscuras'; creo que la escribí porque siempre veía a mi papá con los anteojos oscuros y creo que siempre me llamó la atención qué guardaba detrás. Creo que eso fue mi *turning point*.

"Y luego, cuando decidí entrar en mi primer concurso de canto. Sabía que una vez que iniciara ese camino no había marcha atrás. Me acuerdo muy bien el día que mi mamá me dijo: 'Hay un concurso de canto para niños aquí anunciado en el periódico'. Y le dije: 'Dame un día para pensarlo'. Porque sabía en qué me estaba metiendo. Algo dentro de mí estaba encendiendo todas las alarmas, anunciando quizás el compromiso más grande de mi vida. Y al día siguiente le dije: 'Ya lo pensé'. Y ese día cambiaron todas mis metas. Si antes soñaba con ser médica nuclear, todos esos sueños se empezaron a colapsar en vísperas de ese nuevo sueño que empezaba a crecer como un coloso".

Es interesante ver que los dos momentos determinantes de la carrera de Shakira tuvieron a sus padres como eje. De hecho, con el tiempo, los padres de Shakira cambiarían sus vidas para apoyar los sueños de su hija, mudándose de su Barranquilla natal a Bogotá.

Comparte tu talento

Más allá de la inspiración, del apoyo, del perfeccionamiento, la música es un arte social por definición. De nada sirve tener la mejor guitarra, las mejores canciones, la mejor voz, si no hay alguien que las escuche. El poder transformativo de la música —la capacidad que tiene para afectar a quien la escucha— es quizás el más poderoso afrodisíaco para los músicos en potencia, y también puede ser la gran prueba que decide si una persona opta por una carrera musical y por cuál carrera musical decide irse.

Es una importante distinción. No todos los apasionados e inspirados por la música quieren convertirse en artistas. Algunos prefieren una carrera detrás de escena, como productores, ingenieros, manejadores, arreglistas o incluso escritores, el camino que finalmente seguí yo.

Pero para otros, le tentación del escenario, del aplauso, es irresistible. Y el momento en que se descubre marca indeleblemente a los grandes artistas.

Pitbull, la incansable estrella del pop urbano que ha unido su voz a la de prácticamente todas las estrellas del mundo, fue de pequeño un niño un poco tímido llamado Armando Pérez que creció yendo con su padre —un exiliado cubano— a la Pequeña Habana en Miami. Ahí, junto a los amigos de su papá, probó por primera vez la fama.

"Yo alguna vez era penoso. Pero mi papá cuando yo era chamaquito en la Pequeña Habana, me llevaba para las barras. Yo tenía cinco, seis años. Y él me tiraba arriba de la barra y me decía: '¡Ahora di el poema de José Martí!'. Imagínate. Yo era un chamaquito medio penoso, pero lo hacía. El poema que yo más usaba, porque mi papá siempre nos inculcó el respeto —no importa lo que sea, 'Armandito, tú no puedes quedar mal y el respeto es todo en el mundo', y el poema era, 'No me pongan en lo oscuro, a morir como un traidor. Yo soy bueno como bueno. Moriré cara al sol'. Y olvídate, los marielitos se volvían locos. '¡Oh! ¡Así mismo! Cuba libre'. Imagínate. Eso creo que fue la primera experiencia que tuve de ser un *entertainer*. Y eso era mi tarima. Fue tremendo, cuando tú sientes que de verdad estás tocando la gente. Me acuerdo como yo me sentía y me acuerdo que de verdad lo que ellos me estaban dando era algo de corazón, algo que ellos amaban tanto. Se habían ido de Cuba hacía cuatro o cinco años y ellos no se querían ir de Cuba. Para ellos les tocó mucho, y tú ves —como dice mi mamá— la pluma es más poderosa que la espada. Y es la verdad. Porque las palabras sí tocan a la gente".

Sergio Vallín, el guitarrista de Maná y compositor de muchos de los grandes temas del grupo (como "Mariposa traicionera") descubrió el poder transformativo de la música a través de su madre.

"Por darle gusto, aprendí a tocar las canciones que a ella le gustaban. Un día, mientras practicaba, ella desde la cocina, empezó a cantar con mi música", recuerda el músico mexicano. "Fue una realización increíble, saber que mi guitarra podía causar una felicidad tan inmediata".

El verdadero músico no solo encuentra en su arte una manera de proyectar su alma, sino que también encuentra en su arte una manera de llegar al alma de otros. Esta capacidad de conectar es lo que finalmente diferencia al artista del diletante; al que sencillamente piensa que puede ser músico y al que lo es.

Si sientes que la música es lo tuyo, no guardes ese sentir. Compártelo con otros. Atrévete a participar en la presentación de talentos escolar, o en la presentación del centro comunitario local, o en el concurso de canto auspiciado por una emisora de radio. Si encuentras que presentarte ante un público no es lo tuyo, no importa. Como acabamos de mencionar, hay muchas carreras musicales y no todas son encima de un escenario. Pero no hay manera de saberlo si no te presentas ante otras personas.

Ricardo Arjona recuerda muy precisamente cuándo descubrió que sería músico, cuándo se dio cuenta de que su talento no era solo suyo sino de todos.

"Yo tenía mis grandes dudas cuando ponía mi música en una grabación", recuerda Arjona. "Pero sí descubría la reacción cuando tomaba una guitarra. Yo tenía catorce años y medio, casi quince años, y medía menos de un metro cincuenta y no sé si llagaba a las cien libras. Era chiquito, flaco, flaco, flaco, y una imagen tremendamente transparente la que yo proyectaba en las reuniones sociales con amigos y amigas. Yo tenía amigos que eran un poquito el centro de atracción por galanes. Y a mí me causaba cierto choque porque yo no proyectaba lo mismo. Hasta que en medio de cualquier reunión apareció la guitarra. Yo descubrí ahí que cuando yo tomaba una guitarra y cantaba una canción, causaba un efecto que en automático me convertía en el centro de atracción. Y yo era un tipo bastante tímido, muy poco ávido de presentarme ante las mujeres. No era un tipo así. Entonces cuando yo tomaba la guitarra y cantaba generaba una sensación que me gustaba mucho, la verdad, que me hacía sentir en el lugar. Y cuando cantaba una canción que era mía, peor todavía. El asunto se ponía más interesante. Yo generaba cierta atracción .Y a mí me encantaba eso. Y creo que mucho de eso es lo que me tiene [aquí] hoy todavía. Todos empezamos en esto para corregir ciertos defectos de nuestra personalidad. Yo creo que cualquier tipo que se pare enfrente de diez mil personas a tratar de entretenerlas dos horas debe estar tratando de lidiar con algún problema psicológico a través de eso y exorcizando ciertos fantasmas de alguna manera".

Exorcismo. Pasión. Necesidad. Comunicación. El camino de la música toma muchos nombres. Pero, como explica Hanlon, una cosa es indiscutible: "Yo no escogí la música. Ella me escogió a mí".

Ella los escogió a todos. ¿A ti también?

LOS CINCO CONSEJOS...
para transformar tu inspiración en un camino musical

1. Consigue el mejor instrumento posible que esté a tu alcance.

2. Toma clases.

3. Practica.

4. Busca alguien que crea en ti.

5. Comparte tu talento con los demás.

CAPÍTULO 2

El trabajo es esencial

La música te apasiona. La música te llena. Y además, tienes talento, ¡mucho talento! ¿Y… qué?

El genio, como dijo Einstein, es 10% inspiración y 90% transpiración. Y la música no es la excepción a la regla. Al contrario, como disciplina artística, la música requiere horas y horas y horas de práctica —en el escenario, en el estudio de grabación, en el salón de ensayo— para que el artista no solamente pueda competir, sino para que pueda llamar la atención.

"No fue tanto el talento sino el trabajo", me dijo Pitbull hace años, explicando el porqué de su éxito. "El talento vino después". Un par de años después, repitió prácticamente lo mismo durante la Conferencia Billboard de la Música Latina en 2012. "Se llama el NEGOCIO de la música", dijo. "Entonces, cuando digo que es 90% negocio y 10% talento, eso es exactamente lo que quiero decir".

Pitbull salió adelante a punta de trabajar, produciendo *remixes* de su música, llevándolas personalmente a los DJs y a los clubs, tocando en cuanto evento se le apareciera por delante.

"Pit es un excelente, excelente autopromotor", me dijo DJ Laz, el reconocido DJ de la radio urbana, hace muchos años, cuando los temas de Pitbull empezaron a reventar con fuerza en las listas de Billboard. "No creo que haya nadie más en la jugada que haga un mejor trabajo de autopromoción que Pitbull. Está en todas partes todo el tiempo. Está en su sangre. Su apodo debía haber sido 'trabajo'. No aceptaba la palabra 'no'".

El camino labrado que recorrió Pitbull es uno que otros recorrieron antes que él.

"Muchas veces, nos dicen que nuestro éxito fue de la noche a la mañana", dice Gloria Estefan. "Y yo siempre digo, '¡Qué noche más larga!'".

La carrera musical es una de las más difíciles en las que se puede embarcar una persona. No hay garantías de éxito ni de dinero. Y, a diferencia de una carrera como la medicina o el derecho, ni siquiera hay garantía de empleo. Casi como el atleta profesional, el artista siempre debe estar mejorando, aprendiendo, llevando las cosas al siguiente nivel. De lo contrario, la carrera termina, a veces incluso antes de empezar.

¿Qué hacer? Trabajar, trabajar y trabajar un poco más. Y no sólo en el lado musical, sino en todos los aspectos de la carrera. A menudo, la gente que no está en el ámbito musical olvida que la música es un pasatiempo para muchos, pero es una carrera para otros. No te dejes afectar o influenciar por estas predisposiciones. Cuando yo era una niña y primero expresé mi interés en estudiar música, la reacción de mucha gente a mi alrededor fue: "Eso está muy bien. Pero ¿cuál será tu verdadera carrera?". Es una pregunta que muchísimos músicos han escuchado en sus vidas y que no debes dejar que te moleste. Si las personas preguntan cual será tu "verdadero oficio", es porque no entienden ni el grado de trabajo que se requiere para ser artista ni todas las posibilidades que encierra una carrera musical. Pero tú, como artista en potencia, sí que debes saber lo que implica la decisión de emprender una carrera musical.

El trabajo y la práctica

Para Adolfo Ángel, la mitad del dúo mexicano Los Temerarios (con su hermano Gustavo), la pasión por la música empezó cuando era niño creciendo en el rancho de la familia, y se consolidó gracias al trabajo constante, pese a sus orígenes humildes.

Todo empezó con unas clases de música en una escuela gratuita del estado. Ángel, muerto de las ganas de aprender a tocar el teclado, caminaba los diez kilómetros hasta el pueblo, pero antes de tomar clases en el instrumento, tenía que aprender solfeo. Sin embargo, cuando su padre le preguntó que si ya sabía tocar el teclado, recuerda Ángel, "Yo le dije que sí y se puso muy emocionado. Y cuando sacamos la cosecha, escuché una conversación entre mi hermano mayor y mi padre donde discutían si lo utilizaban para un tractor o para un teclado. Mi hermano decía que para un tractor, y mi papá decía que para un teclado. Y yo tenía los dedos cruzados. Un día aparece con el teclado, chiquitito, un tecladito rojo, el más económico. Me lo arma, lo conecta y me dice: 'Ahora sí, toque "La mujer casada"', que era la canción que me había preguntado si sabía tocar. Yo lo volteo a mirar, y me entendió con la mirada que yo no sabía tocar. Nunca había puesto mis manos en ningún teclado. Porque el maestro de música nunca me lo permitía. Y lo vi tan decepcionado a mi padre que dije: 'Un día me voy a aprender esa canción y se la voy a tocar'. Y de ahí en adelante me la pasaba aprendiendo en el tecladito".

El pianista Arthur Hanlon empezó a tocar de niño. A los dieciséis años ya tocaba en bares y clubes, y a los dieciocho fue seleccionado para ser el pianista del grupo del famoso saxofonista de Motown, Flip Jackson, quien anteriormente había tocado con artistas como The Temptations. Hanlon tocaba con el grupo de Jackson seis noches a la semana, desde las nueve de la noche hasta las dos de la mañana en un conocido club de Detroit. Este tren de trabajo seguía incluso cuando Hanlon ingresó a la universidad a estudiar piano clásico.

"Fue mi mejor escuela", recuerda. "Terminaba mis clases y manejaba una hora y media hasta Detroit y tocaba hasta la una, dos de la mañana. Tocábamos de todo. De todo. Yo era el único blanco del grupo y también era el más joven. Y Flip esperaba que fuera tan bueno como ellos y que tuviera su misma emoción. Y terminaba, y regresaba a la universidad. Me acostaba a las cuatro, cinco de la mañana, y al otro día tenía que ir a clase. Nunca tuve esa experiencia universitaria de la que habla todo el mundo —el campus universitario, las fiestas, los partidos de fútbol. No me quedaba tiempo. Estaba siempre practicando o tocando o manejando a algún sitio a tocar. En una ocasión, después de varios meses con el grupo, me enteré por accidente que era el peor pago de todos, quizás porque era el menor. Todos ellos eran señores, mayores, con familias, y yo era un estudiante baboso. Y me quejé con Flip. Le dije que no era justo. Pensé que me iba a mandar con mi música a otra parte, pero no lo hizo. Me aumentó el sueldo. Y me dijo que más me valía que tocara aún mejor que antes".

Para la mayoría de las personas, el trabajo comienza en algún momento de la juventud, cuando tomamos empleos casuales —en restaurantes, almacenes, oficinas, entregando pizzas, lo que se presente— para ganar dinero adicional o para ayudar a pagar los estudios. Más adelante, para la mayoría de los profesionales, el trabajo comienza durante la universidad o después de graduarse, cuando consiguen su primer empleo y empiezan a ascender en la escalera del éxito.

Pero en la música, el trabajo comienza desde el primer día. Anteriormente hice el paralelo a la carrera del deportista profesional y lo vuelvo a hacer aquí. Las personas que deciden ser artistas llevan una doble vida: por un lado, deben cumplir con las obligaciones escolares o universitarias, y por otro, deben trabajar en su oficio musical. Y este trabajo no da tregua. No da tregua porque ser una estrella exige sacrificio. No hay otra forma.

Hay muchos artistas que tienen la gran suerte de poder dedicar toda su vida laboral a la música. Es el caso de Shakira, Chayanne, Ricky Martin y, más recientemente, Prince Royce y Jencarlos Canela, quien se graduó del New World School of the Arts, una escuela secundaria para las artes.

Pero muchos otros han llevado estas vidas dobles, estudiando otra carrera mientras intentan lograr el éxito musical, o incluso trabajando en otros campos simultáneamente mientras esperan lo que en inglés se llama su "*big break*", es decir, su gran oportunidad.

Lo importante que debes recordar es que hay muchos caminos, y todos son válidos. Toma por ejemplo la historia de Ricardo Arjona. A la hora de componer y tocar guitarra, siempre tuvo el apoyo de su padre, un gran serenatero. Pero aun así, le sorprendió que su hijo tomara ese camino profesional.

"Mi padre me vio a mí como compositor con cierto dejo de 'el niño está jugando'", recuerda Arjona con cierto humor. "Luego, a los diecisiete años escribo, en alrededor de veinte minutos, 'Jesús verbo no sustantivo' que se convirtió en una de las canciones más importantes de toda mi carrera hasta el día de hoy. Y es la primera vez que le veo a mi padre en los ojos el brillo de, 'Miércoles, esto va en serio. El tipo está metido en esto'. Y entonces, nada. Yo arranco de ahí hasta el día de hoy".

Lo que no sabía Arjona en ese momento era que el trabajo apenas comenzaba. No es fácil ganarse la vida como artista, y definitivamente no es fácil hacerlo cuando se comienza (de ahí es que viene la famosa pregunta aquella que mencioné anteriormente: "¿Cuál será tu verdadera carrera?").

Por eso es que tantos artistas trabajan doble y triple mientras despegan sus carreras. Es la única manera de hacer música, y también de vivir —por lo menos hasta que la música se convierta en verdadera fuente de ingreso.

"¿Mi consejo para todas las personas que quieren ser artistas? Consigan un empleo", dijo Gloria Estefan durante una entrevista en la Conferencia Billboard de la Música Latina. "Cuando nosotros [ella y su esposo Emilio Estefan] decidimos embarcarnos en la música tiempo completo, fue una decisión muy grande. Nuestro hijo había nacido y tenía excelente seguro medico a través de Baccardi donde trabajaba Emilio. Yo trabajaba en el aeropuerto de intérprete porque hablaba inglés, español y francés. Estudié Psicología y Comunicaciones. Quería ser médica. […] Entonces, cuando tomamos la decisión de apostarle todo a la música, ambos teníamos otras carreras y pensamos, si no nos funciona, podemos regresar a ellas. Pero por supuesto que si podíamos ganarnos la vida haciendo música, no había discusión".

Lo importante en ese tiempo es no perder el foco, no olvidarse del objetivo a largo plazo (hacer una carrera de la música) y no perder la esperanza.

"Yo estudié el magisterio; fui maestro de escuela seis años", recuerda Arjona. "Trabajé como cargador de cajas de uvas en un camión, hice correos y telégrafos como mecanógrafo, trabajé haciendo muestrarios de telas en una tienda. Hice un montón de cosas. Y después trabajé cinco, seis años como maestro de escuela. Llegó una época donde yo trabajaba de maestro en las mañanas, daba clases de guitarra a niños en las tardes, tenía novia, iba a la universidad, jugaba basquetbol en un equipo de liga mayor y estaba en la selección nacional. Y no tenía carro. Hoy a mí me parece que aquello era imposible, pero lo hacía. Después en el equipo de basquetbol se dieron cuenta que no podía seguirme moviendo así porque no llegaba a ningún lado. Entonces me compraron una moto. Una Yamaha 100 de esas que dicen 'mamá' cuando vas subiendo una cuesta. Entonces yo me trasladaba a todos los lados en moto, y me daba tiempo. Y fue una época muy importante. Era un lío pero lo hacía".

A Arjona finalmente le llegó su momento. Y con él, llega toda un serie distinta de trabajo; de trabajo que no termina. Arjona alcanzó sus números, unos primero como artista de Sony, y luego como artista de

Warner, ambas grandes multinacionales. Después, decidió crear su propio sello y hacerlo todo con su propio equipo. Hoy en día, dice, es cuando más duro ha trabajado.

"Yo estoy intentando abrir mi propio camino, que es muy difícil", me dijo, en vísperas de salir con su nueva gira en 2012, que se convertiría en la más grande en su historia, y quizás la más vista de un artista latino en el continente en esa temporada. "Es más, si se lo tuviera que recomendar a alguien, examinaría el tipo de personalidad de ese alguien y miraría si tiene las agallas para afrontarlo o no. Porque no cualquiera le entra a esto".

Si estas son las palabras de una gran estrella, una estrella con éxito en todo el mundo latino, imagínate por un momento cuán duro será el trabajo que espera a los que sueñan grande y aún no han llegado a la cima.

Juan Luis Guerra recuerda que cuando era joven "vivía con una guitarra encima, y dormía con la guitarra y me despertaba con la guitarra y el único amor de mi vida en ese tiempo era mi guitarra".

Pero especialmente hoy en día, en esta nueva era de inmediatez, el trabajo no se limita a mejorar como músico. El artista en desarrollo también debe dedicar tiempo considerable a promocionar su carrera en todos los aspectos —desde las redes sociales hasta las presentaciones en público— y a crear relaciones. Ser artista hoy significa estar en Twitter y Facebook las veinticuatro horas al día, significa buscar nuevas oportunidades de negocio ya que hay pocas ventas de discos, significa sentarse a negociar estas oportunidades, significa ser un autopromotor incansable dispuesto a todo, significa días y viajes largos, a veces con poco o ninguna remuneración, significa sacrificar familia, amistades y tiempo.

Empecemos por las redes sociales. ¿Por qué son tan importantes? Porque es uno de los muy pocos aspectos de una carrera artística sobre los cuales un artista tiene control y que además dan resultado (ver capítulo 8, "Las redes sociales e Internet"). Antes de que existiera Facebook, YouTube o Twitter, un artista con aspiraciones de estrellato grande o pequeño dependía enteramente de otras personas: el sello, el promotor, el mánager, el inversionista. Hoy en día, el artista puede empezar a generar ese *buzz*, o *runrún*, por sí solo, bajo sus propios términos, suministrando la información que él o ella quiere dar, en el momento y de la manera que lo quiere proveer. Pero para tener resultados, hay que ser constante y prolífico. De nada sirve una cuenta de Twitter desatendida. ¿Que quita tiempo estar actualizando la información múltiples veces al día? Sí, quita tiempo. Pero ese es parte del trabajo que requiere ser artista hoy en día.

Por otra parte, el desarrollo de un artista es un poco como la bien conocida ley de física de Isaac Newton: un objeto en reposo seguirá en reposo mientras no se apliquen fuerzas sobre él.

Un gran artista que crea gran música y se sienta en su casa a esperar que lo descubran, seguirá esperando un largo rato. Hoy en día, el negocio de la música es un negocio social y de relaciones personales. La imagen aquella del músico taciturno que se encierra a crear está pasada de moda. Eso lo puede hacer una vez que se vuelva famoso. Pero el camino hacia esa meta requiere crear relaciones.

- Sal de tu estudio e inscríbete en conferencias, como la Conferencia Billboard de la Música Latina o la Latin Alternative Music Conference (LAMC), a las cuales asisten profesionales de todos los aspectos de la industria (ver "Apéndice: Las conferencias y los festivales", en la página 229).

- Hazte miembro de NARAS (National Academy of Recording Arts & Sciences) o de la Academia Latina de la Grabación (LARAS, por sus siglas en inglés). NARAS, por ejemplo, organiza eventos sociales todos los meses para que sus miembros se relacionen. LARAS ofrece múltiples oportunidades a artistas nuevos.

- Conoce a otros músicos. Colabora con ellos. Si te invitan a tocar en *showcases* o presentaciones de amigos o conocidos, hazlo. El mundo de la música no es muy grande y entre más "jugadores" conozcas dentro de él, mayores las posibilidades de generar oportunidades para que se escuche tu música.

Yo entiendo que salir a hacer "relaciones públicas" no siempre es fácil —sentarse a componer puede sonar mucho más apetecible que entrar a un salón lleno de gente que no conocemos. Si no disfrutas de ese lado social y de autopromoción, asúmelo como lo que es: parte del trabajo. Y créeme que da resultados. Esa persona que conoces hoy en una fiesta, un panel o en una de tus presentaciones en vivo, puede ser la persona que el día de mañana te dé la primera oportunidad.

Hay incontables historias de artistas que se han conocido tras bambalinas, antes de un concierto o durante una conferencia, como sucedió con Enrique Iglesias y Wisin y Yandel, quienes grabaron juntos después de encontrarse en un panel en una Conferencia Billboard de la Música Latina. Jon Secada empezó como corista de Gloria Estefan. Victor Manuelle era un total desconocido cuando Gilberto Santa Rosa, de forma totalmente improvista, lo invitó al escenario durante un concierto en un salón de fiestas en Puerto Rico.

Los comienzos de José José, uno de los artistas latinos más icónicos y celebrados, ilustra perfectamente cómo el artista que trabaja, que busca, que se promociona y se relaciona encuentra, así sea por accidente.

"En el año 1963 empecé mi carrera dando serenatas en la calle", recuerda. "Y yo no sabía tocar la guitarra. Tocaba las maracas. Ese año, como estaban tan fuertes los Beatles y Elvis Presley y toda esa gente, entré a un grupo de *rock* y ahí fue cuando empecé a tocar la guitarra y el bajo. Y cantaba. Y en el año 1975, como resultado de una serenata, me dieron la oportunidad de hacer una prueba, porque un amigo mío me dice, 'Vamos a llevar una serenata a mi hermana de cumpleaños', y esta muchacha resultó ser la secretaria ejecutiva del entonces director general de Orfeon. Y me dijo, 'Oye tu cantas muy bien, ¿no te gustaría hacer una prueba de grabación?'. Y me hicieron la prueba y me contrataron en octubre de 1965".

José José (quien en ese entonces usaba su verdadero nombre, José Sosa), trabajaba sin cesar. Tocaba todas las noches. Estaba dispuesto a aprender nuevos instrumentos, nuevos sonidos y nuevos estilos. Estaba dispuesto a hacer sus relaciones públicas, conocer gente y tomar las oportunidades que se le presentaban. Hoy en día, ninguna de esas necesidades ha cambiado. Puede que haya tecnología nueva, Internet y descargas digitales, pero el proceso sigue siendo igual. Y también el resultado.

Armando Manzanero atribuye su vigencia no a sus canciones —que han sido grabadas por los mejores cantantes latinos del mundo— sino a su ética de trabajo.

"Sigo teniendo vigencia porque trabajo mucho", me dijo en alguna ocasión cuando pregunté cuál era su secreto. "Es mucho lo que yo trabajo. No soy una persona difícil que hay que hacer antesala para comunicase conmigo ni esperarse. Todo lo contrario. Soy una persona que está pendiente de ese algo que se llama trabajo".

El verdadero artista, el que ama su música y su profesión, nunca deja de trabajar. No puede. Es parte de lo que lo hace extraordinario. Y el trabajo se extiende más allá de la música. El trabajo es su vida.

"Tú sabes cómo soy yo", me dijo Enrique Iglesias cuando le pregunté sobre su reputación de ser un trabajador incansable. "He trabajado muy duro. Y si trabajo duro, espero que todos los que estén a mi alrededor trabajen igualmente duro. Le he puesto mucho a mi carrera. Y siento que no se trata solo de hacer música sino de asegurarse que esté allá afuera. ¿De qué sirve hacer música que nadie va a escuchar? Yo quiero que la gente escuche".

¿Quieres una carrera en la música? ¿Quieres apuntar a las estrellas? Prepárate entonces para una carrera dura, sacrificada y larga. Pero será una carrera que nunca vas a querer terminar.

"Yo soy un trabajador", me dijo Chayanne en una ocasión. "Yo

soy el que construye el asfalto. Soy un trabajador que respeta su carrera. Que le doy todo lo máximo cuando hago un *show*, como si fuera
la primera vez". En cuanto el balance entre familia y trabajo, dice Chayanne, "No es una cuestión de balance. Sencillamente lo hago".

*L*OS CINCO CONSEJOS...
para trabajar y lograr tus metas en la música

1. Como dice el eslogan de Nike: "Just do it."

2. Practica.

3. Publica algo en tu Twitter, Facebook y otras redes
sociales al menos una vez por día.

4. Ponte de tarea hacer al menos una llamada
telefónica por tu carrera musical por día.

5. Construye relaciones.

CAPÍTULO 3

Una de las mejores escuelas:

EL ESCENARIO

*H*ace mucho tiempo, cuando la industria de la música era bullente y se manejaban grandes sumas de dinero, fui a una presentación de un nuevo artista firmado con una de las grandes disqueras. Era un cantante romántico que estaba siendo promocionado con grandes bombos y platillos y un enorme presupuesto. Se subió a la tarima y cantó en vivo con una banda en lo que fue una presentación pasable pero poco memorable. Lo que más recuerdo fueron sus palabras al terminar: "Esta es la primera vez que canto en público", dijo, sencillamente. No había ni orgullo ni disculpa en su voz. Simplemente estaba dando a conocer un hecho.

Yo estaba atónita. ¿Una disquera multinacional firmaba artistas sin antes haberlos visto cantar o tocar en público?

Tristemente, la respuesta es "sí". A lo largo de los años, las disqueras han firmado a artistas por razones que no tienen nada que ver con talento o excelencia. Los firman por amistad, compromiso, porque son famosos en otros campos (actores, modelos, reinas de belleza) u otras razones extra-musicales. Pero la crisis de la industria ha forzado a los ejecutivos disqueros a ser más selectivos y regresar a lo básico: la música. Y en este ambiente, poder defender en vivo lo que se graba en un CD es importantísimo tanto para la venta de discos, como para obtener un sello disquero. Esto es así no solo porque hay menos sellos y menos artistas firmados, sino también porque dados los nuevos contratos de discos que se firman hoy en día —que a menudo incluyen un porcentaje de las ganancias que vienen de otras fuentes de ingreso como conciertos y patrocinios— esos artistas que sí se firman son aquellos que tienen potencial de generar dinero a muchos niveles (ver capítulo 15, "Firmar con un sello discográfico").

Algunos artistas son naturalmente desenvueltos en el escenario. Pero es un hecho que entre más tiempo se pase en el escenario, entre más cómodo se sienta un artista tocando un instrumento o cantando en público, cada vez lo hará mejor y cada vez conectará mejor con su audiencia.

David Bisbal, por ejemplo, saltó a la fama tras convertirse en finalista en *Operación Triunfo*, el *reality show* de la televisión española. Pero su verdadera escuela fue el tiempo que pasó como cantante de una banda de *covers* (versiones), Orquesta Expresiones, que tocaba todo tipo de música todos los fines de semana.

"Yo era un tipo de artista que cantaba muchos géneros", recuerda Bisbal, quien fue el cantante de la orquesta desde los diecisiete a los veintidós años de edad. "Para mí ha sido una gran escuela donde yo lo aprendí absolutamente todo. Lo que aprendí en *Operación Triunfo* fue muchísima parte de la industria musical que yo no conocía. Con la orquesta era un día a día. Era subir a un escenario cada día, todos los días directo. Con los errores, con el sonido malo, cantando tres conciertos diarios. Era aprender sí o sí".

Sin duda, la experiencia escénica que traía Bisbal fue un factor decisivo para convertirse en finalista de *Operación Triunfo*. Lo mismo se puede decir de tantos otros artistas que pudieron aprovechar la experiencia y el entrenamiento que ya tenían cuando les vino la oportunidad de mostrarle al mundo su talento.

Bisbal describe su experiencia ya como profesional, a pesar de su juventud. Pero cantar sobre un escenario a nivel *amateur* es igualmente importante. De hecho, es un eslabón esencial del camino al éxito. Casi todos los grandes artistas hablan de sus tempranas experiencias frente al público: coros de la iglesia, presentaciones en concursos de talento, participación en los musicales de la escuela, bandas de *rock* creadas entre amigos en la secundaria y la universidad.

La cantante Natalia Jiménez tuvo sus comienzos en el escenario mucho antes de ser parte del grupo español La Quinta Estación, como una cantante que viajaba con su guitarra y amplificador y estaba dispuesta a todo. Una de las experiencias que marcarían su carrera fue un concurso cuando tenía diecisiete años de edad y estudiaba en un conservatorio de música en Madrid. Jiménez, quien tenía espíritu roquero, se inscribió con su grupo a un concurso de *rock*.

"Y el día del *show*, los de la banda me llamaron y me dijeron que ya no querían concursar", cuenta Jiménez.

Pero Jiménez sí quería hacerlo. Llamó a su mejor amiga a ver si podían cantar como dúo, pero no le dieron permiso. Entonces, Jiménez agarró su guitarra y se fue en su motocicleta hasta el concurso en el pueblo de Torrelodones. Allá se encontró con bandas de *heavy metal* y *rock* pesado, pero no le importó. Cuando le tocó su turno, se sentó con su guitarra y cantó "Bobby McGee", la canción que hiciera famosa Janis Joplin, y luego interpretó dos de sus propias composiciones. Para terminar, decidió nuevamente hacer un homenaje a Joplin y cantó una versión a capela de "Mercedes Benz."

"¡Y gané!", dice Jiménez, sus ojos todavía brillando cuando cuenta la historia. "Eran como mil euros. Usé el dinero para arreglar mi guitarra y comprar un amplificador".

Existen también otros escenarios que vale la pena utilizar. Aquellos que estudiaron en conservatorios —como Juan Luis Guerra, Gilberto Santa Rosa o Jencarlos Canela— hablan de la experiencia de tocar para sus compañeros en un ambiente donde presentar la música a otros era parte del entorno. No menosprecies estas oportunidades.

Son las que te permiten medir tu alcance y determinar qué áreas de tu presentación necesitan trabajo. Hay una diferencia enorme entre cantar en casa frente al espejo o frente a una cámara operada por un amigo o pariente, y cantar frente a un público vivo que respira, opina y se distrae con facilidad. El estar frente a ese público en una situación controlada donde está cautivo —el coro de la iglesia, por ejemplo— te permite analizar hasta cierto punto el impacto de tu música sin riesgo alguno. Ser parte de un coro o grupo también es un buen primer paso, y uno que te permite acostumbrarte a ser el centro de atención pero con apoyo a tu lado.

El paso siguiente es uno que debes tomar sólo cuando te sientas plenamente seguro de ti mismo en el escenario: buscar un lugar donde tocar o presentar tu música, y recibir dinero por hacerlo.

No es fácil pararse en un escenario frente a un público, sean cinco personas o cinco mil. En ese momento nos asaltan miles de dudas: ¿qué pasa si nos olvidamos la letra?, ¿si nos caemos?, ¿si nos abuchean?

La verdad es que esas cosas —y muchas peores— pueden suceder. Pero la vida seguirá. Recuerdo una ocasión en mis épocas de pianista cuando salí al escenario, toqué los primeros compases de una sonata de Mozart, y olvidé lo que seguía. Traté de improvisar mientras encontraba mi lugar, pero no me hallaba. Finalmente, paré de tocar, miré a mi publicó y anuncié: "Señores y señoras, me he olvidado la pieza. Con su permiso volveré a comenzar". Y así fue.

Los percances en el escenario no se limitan a olvidos. Enrique Iglesias me cuenta que en una ocasión salió a cantar en un programa de televisión en Alemania, pero la pista musical que habían colocado era de otra canción. Aunque no había practicado ese tema, le tocó cantarlo igual. Durante una reciente edición de los Premios Billboard a la Música Latina, el monitor de Marc Anthony dejó de funcionar, en plena canción frente al auditorio y a los millones de televidentes que habían sintonizado el programa en vivo. Al encontrarse con esa situación, Marc Anthony se quitó el monitor de su oído y continuó cantando. En esos mismos premios, el cantante Cristian Castro olvidó la letra del tema que estaba cantando como homenaje a Selena. Era uno de los más grandes *hits* de la fallecida cantante tejana, pero no lograba recordar las palabras. Terminó por cantar una especie de "la-la-la" que fue muy comentado por la prensa.

Lo más importante, sin embargo, es que no dejó de cantar. Marc Anthony tampoco. Como dicen en inglés, "*The show must go on,*" el *show* debe continuar, no importa qué te esté sucediendo a ti o qué suceda a tu alrededor.

Pero aunque es obvio que todo artista mejora con el tiempo y que tu primer concierto pagado no será en Carnegie Hall, sí debes procurar estar lo mejor preparado posible dentro de tus posibilidades.

La verdad es que un artista en desarrollo que tenga incluso poca experiencia *amateur* —por ejemplo en cualquiera de los entornos mencionados arriba— no debe tener grandes problemas en conseguir "guisos", "rolas" o "*gigs*" (como se los llama en inglés).

Para lograrlo, el artista debe preparar un pequeño portafolio de presentación que incluya una buena foto, un CD (o demo) con tres temas, una biografía y enlaces a videos en YouTube, si existen (ver capítulo 6, "La prensa"). Un material organizado y de apariencia profesional le dice mucho a la persona encargada de contratar la música. Los artistas también deben estar preparados para presentar una audición en vivo si fuese necesario.

Una vez que tengas tu material o repertorio listo, apunta a dónde quieres empezar a tocar seleccionando metas compatibles con tu música. Las oportunidades disponibles abarcan toda una gama de situaciones, desde cantar o tocar en hoteles, bares y restaurantes, hasta presentaciones en pequeños festivales y trabajos permanentes en lugares como Disney World o Universal. Y, si todo falla, está la misma calle, el lugar donde incontables artistas se han parado buscando atención y dinero.

De hecho, hay tantas posibilidades que me atrevo a decir que un artista en desarrollo que no logra tocar en público es porque no lo quiere hacer, y si toma esta postura, estará perdiendo oportunidades. Define, pues, tus opciones y emprende la búsqueda. No temas que te rechacen. Es inevitable que eso ocurra, pero si estás preparado, al final vas a lograr un sí.

Sin embargo, debes estar preparado. Si tu repertorio consiste de un solo tema, no estás listo para salir ante un público. Suena obvio, ¡pero no lo es! Te sorprenderías ante la cantidad de correos y mensajes que recibo, casi a diario, de artistas que dicen estar listos para el estrellato. Cuando hablo con ellos me encuentro con que saben una o dos canciones y que nunca se han montado en un escenario. Cuando miro sus videos, a menudo me encuentro con una voz profundamente desafinada y un video y audio de tan mala calidad que me pregunto cuál criterio se usó al enviármelo.

Sé autocrítico de verdad. ¿Estás listo para mostrarte ante el mundo? Obviamente, vas a mejorar con el tiempo y nadie pretende que suenes como Pavarotti o te veas como Shakira, pero no presentes una imagen inadecuada o insuficiente de tu talento.

Como pianista clásica, mi primer trabajo pago fue cuando tenía diecisiete años. Quería que me pagaran por tocar un concierto. Seleccioné cuidadosamente el recinto donde quería tocar. Buscaba un lugar prestigioso, pero donde pudiera caber alguien de mis habilidades en ese momento. Sabía, por ejemplo, que no me contratarían para tocar con la Orquesta Sinfónica de Colombia en ese momento, pues solo las más grandes estrellas tocaban ahí. Pero existía una bella sala de conciertos llamada la Sala Skandia, donde daban recitales de piano. Era pequeña y acogedora, y tenía un público cautivo.

Un día llegué allá, sin cita, y pedí hablar con el director. Era un hombre de negocios, pues la Sala Skandia pertenecía a una compañía de seguros. Para mi sorpresa, me atendió. Le dije que era pianista y que quería dar un concierto y que estaba dispuesta a tocar algo para él si quería conocer mis capacidades. El director no sabía mucho de música, pero sí conocía la sonata "Patética" de Beethoven en do menor. Me preguntó si la sabía. Fue un extraordinario golpe de buena suerte porque, efectivamente, ¡era una de mis piezas favoritas! Como todo pianista sabe, no es tan difícil de tocar, pero suena difícil y virtuosa, y además, es una obra hermosa.

Me senté y toqué la sonata entera. Él escuchó atentamente. Me parece verlo como si fuera ayer, sentado solo en esa sala desocupada, oyéndome tocar. Cuando terminé, me contrató. No recuerdo cuánto me pagó. Sé que no fue mucho, pero recuerdo claramente haber recibido un cheque muy oficial cuando finalmente toqué mi concierto unos meses después.

Es un elemento crucial: cuando al fin te contraten, las siguientes dos preguntas son: ¿pagan? y ¿cuánto?

Yo soy de la opinión de que ningún músico debe regalar su trabajo, a menos que hacerlo sea parte de un plan concertado de promoción y exposición (por ejemplo, tocar en un festival o una presentación donde vayan a estar ejecutivos disqueros o miembros de la prensa especializada). De lo contrario, cualquier recinto, sea un bar, restaurante o teatro, que utilice la música como parte de su entorno, debe pagar por ella. Si un recinto no está dispuesto a pagar por sus servicios, se puede llegar a un acuerdo donde cobren un "*cover*" —o precio adicional— por la música y ese monto vaya al artista. También se puede negociar un porcentaje de lo que venda el bar, particularmente si el lugar se llena con personas que van a escuchar la música. O, como mínimo, el artista puede tocar a cambio de comida, tragos y promoción (aunque no lo recomiendo).

Si tienes la suerte de ya contar con un agente, esta persona se encarga de negociar tu precio y condiciones y, a cambio, recibe una comisión que usualmente fluctúa entre el 15 y el 20%. El agente se consigue de la misma manera que se consiguen los trabajos mismos: con una buena carpeta de prensa, un demo o una audición. Aunque el agente cobra comisión, tenerlo trae beneficios, pues le pueden llegar múltiples peticiones de música de muchas fuentes, desde pequeños bares y teatros hasta festivales y matrimonios.

Finalmente, si estás decidido a dar el paso de tocar en vivo, debes tener el equipo necesario para hacerlo. Para un cantante es fácil, pues para empezar se necesita poco más que un micrófono y monitor si va a cantar en vivo con una banda o acompañante. Si va a cantar con pistas, obviamente necesita tenerlas junto con un equipo de sonido para tocarlas. Siempre pregunta qué equipo ofrece el lugar donde tocarás. La mayoría tiene los elementos básicos de sonido pero algunos van a requerir que lleves todo tu equipo. A la hora de cobrar, estos datos deben entrar en la ecuación.

Habrá momentos durante estos toques cuando te preguntarás qué diablos está haciendo, y tendrás tus dudas de por qué presentarte frente a diez borrachos puede convertirte en estrella. En esos momentos, debes recordar que todos los grandes tienen anécdotas de aquellas presentaciones tempranas, y que estas anécdotas son las que forjan el estrellato.

Adolfo Ángel, de Los Temerarios, recuerda que uno de los primeros trabajos del grupo llegó cuando él y su hermano todavía eran adolescentes.

"Una vez, como nosotros no conocíamos el mar, armamos todo el grupo y dijimos: 'Nos vamos de gira. ¿A dónde? A Mazatlán, Sinaloa'. ¿Y qué vamos a hacer allá? Pues vamos a buscar chamba, ¿no? Entonces cargamos todos los instrumentos y llegamos a Mazatlán, Sinaloa. Y nos metimos allá en un hotel, les enseñamos el casetico. 'Puede ser, les avisamos'. Y como ya no teníamos lana, nos fuimos a un antro, y nos dieron trabajo por la comida. Y como Gustavo era menor de edad, no podía cantar ahí, entonces lo metíamos detrás de una bocina y cantaba allá atrás, y sólo se le veía el cuerno de la guitarra. Y después, como éramos muy hombres, ya te dijimos, nos habían contratado solamente por cinco horas y querían que tocáramos dos horas más. Entonces yo dije: '¿Por qué vamos a tocar más, cómo creen?'. 'Ah, ¿no van a tocar'?, y le hablan a la policía, hijos de su… y llega la policía. 'Señores, claro que tocamos dos horas más'. Y luego ya nos habló el señor del hotel, el señor Pelayo, y nos dio trabajo, y nos daba una lanita y la comida y se le llenaba su bar a todo dar. Y luego pasaron veinte años y un día fui a Mazatlán y le hablo por teléfono y le digo: 'El señor Pelayo todavía está por el hotel?'. 'Su hijo?', preguntaron. 'No, el padre', le dije. 'Ya no viene, está muy viejo. ¿Quién habla?' Y le digo: 'Nada más le quiero agradecer porque él nos ayudó hace unos veinte años aquí en Mazatlán'. Y me dieron el teléfono de su casa y le hablé. No se acordaba de nosotros. Pero se puso muy contento con la llamada".

La importancia del "en vivo" va más allá de la experiencia profesional y de la experiencia de vida. Es ampliamente reconocida por la industria, y casi todos los eventos grandes —incluyendo la Conferencia y Premios Billboard a la Música Latina, los Grammys Latinos, el Festival SXSW y el Latin Alternative Music Conference, entre otros— ofrecen *showcases* diseñados específicamente para que miembros de la industria puedan conocer nuevos artistas. Aparte de estos eventos de la industria, un sinnúmero de artistas han sido firmados por ejecutivos que fueron cautivados por su presencia en escena. Estos incluyen a Bacilos, el ya-disuelto grupo tropical/pop que ganó el Grammy a Mejor Álbum Pop Latino en 2003, cuyas actuaciones en bares de Miami llevaron a su firma con Warner Music, y Rodrigo y Gabriela, el dúo mexicano de guitarristas "descubierto" tocando en las aceras de Dublín, Irlanda.

"Era como un pequeño concierto porque la gente se paraba a escucharnos, y me daba hasta un poco de miedo, pero fue increíble", cuenta Gabriela. Rodrigo y Gabriela habían salido de su México natal después de tocar por años en grupos de *rock* metálico. Habían logrado cierto nivel de éxito, pero nada notable, y cuando llegaron a Irlanda, decidieron olvidarse del estrellato.

"La promesa era tocar la guitarra y hacer nuestra propia música pero sin expectativa de 'ahora nos vamos a volver famosos'. Eso lo borramos de nuestras mentes porque en el grupo de metal eso había sido como un demonio que nos había torturado", dice Gabriela. "Entonces, cuando ya decidimos que era el final de la banda, una de las cosas que nos dimos cuenta es que la música es maravillosa y universal y no necesitas esta cosa que es muy torturadora. Fue como un renacimiento. Como unas ganas de volar y de. ser libres, ¿me entiendes? Irte a donde fuera —a Tombuctú— con nuestras guitarras y aprender. Conocer otra gente y otras gastronomías. En nuestra mente no había ese '¿y ahora qué van a pensar?'. Fue como algo muy orgánico que surgió naturalmente.

"Llegamos a tocar hasta ocho horas diarias entre la casa y cosas que sacábamos por gusto y luego nos íbamos a la calle en Grafton Street en Dublín. Y esa época fue llena de espontaneidad y creatividad y sobre todo esta sencillez de sentarte en la calle a tocar. Y esa escuela se nos queda para siempre. De aquí en adelante, si toco frente al presidente o en tu casa, es con el mismo corazón, porque aprendes un respeto en sí a la música y al escenario. Todos esos principios que nos formaron en Dublín —porque fue en Irlanda que hicimos todo esto— los conservamos".

Claro está, como he dicho anteriormente, hay todo tipo de públicos: atentos, distraídos, incluso groseros. A veces uno puede estar tocando frente a mil personas, a veces frente a una sola. Nada de esto debe importar. El trabajo del artista es entretener a su público, sea quien sea. Obviamente, no es fácil. Los miembros de Aventura —el grupo de bachata que llegó a llenar cuatro presentaciones en el Madison Square Garden de New York— contaban que fueron abucheados en sus primeras presentaciones años atrás. El hecho es que no se dieron por vencidos y, al contrario, aprendieron de sus experiencias en la tarima. Porque al final, el público no miente, y no hay mejor *feedback* que aquel que dan los que asisten a una presentación en vivo.

Pocos artistas dominan el escenario mejor que el ícono ranchero Vicente Fernández. Eso se debe no solo a que Fernández genuinamente disfruta estar en la tarima, sino que también piensa que su deber es entretener al público.

"El que yo cante no tiene ningún mérito", me dijo Fernández en una entrevista en su rancho hace muchos años. "Cualquiera puede cantar. O casi cualquiera puede cantar lo que yo canto. El chiste es que el público te aguante tres horas o tres horas y media. Y el público aguanta lo que conectes con ellos. Yo una vez le oí una frase a Raphael de España que dijo: 'No hay públicos buenos. Habemos artistas malos'. El que sale y ve la gente fría y no tiene el talento, el corazón y el coraje para hacer que le corra la música por las venas, entonces no tiene que hacer nada en esta carrera. Es como un torero. Cuando le sale un toro malo, si no le hace nada la lucha, entonces... si el publico está un poco frío, la obligación de calentar al público es del artista. No importa la pena o el dolor que traigas.

"Por ejemplo, cuando estaba trabajando por primera vez en el Teatro Blanquita de México, que es un teatro muy importante del pueblo, antes de salir al escenario me avisaron que mi padre había muerto. Y yo me quedé helado, porque mi papá murió de estar bien. Le encontraron cirrosis hepática, lo metieron a la sala de operaciones. Yo lo vi en la mañana, me dio la bendición, canté con Raúl Velazco, le dediqué la canción a mi papá y llegué al Teatro Blanquita. Y justo cuando iba a salir a cantar —yo salía por detrás del público, por el pasillo, cantando sin micrófono— me avisa mi hermana que mi padre había muerto. Y me dicen: 'Chente, si quieres le decimos al público'. Pero salí cantando una canción muy alegre que se llama 'Los laureles'. Y cuando empecé a cantar me iban chorreando las lágrimas. La gente estaba fuera de onda. Y canté cuatro canciones y me metí y la gente pidió más y más y más. Al grado que no podía salir el siguiente artista. Entonces tuvo que salir el director al escenario y dijo: 'Señores, perdón que no salga Vicente a cantar, hay que tener continuidad, pero aparte,

Vicente salió porque quiso, porque antes de salir al escenario le avisaron que su padre falleció'. Y la gente se puso de pie y empezaron a aplaudir, aplaudir, aplaudir".

Llegar a tener las "tablas" de un Vicente Fernández no es algo fácil ni se logra de la noche a la mañana. Una cosa es cantar, otra cosa es dominar el escenario, otra cosa es dominar los nervios. Las tres requieren práctica fuera del escenario y arriba del escenario. En la película *A Star Is Born* de 1976 (la versión original de 1937 fue protagonizada por Janet Gaynor y Fredric March y una nueva versión de 1954 contó con Judy Garland y James Mason), Kris Kristofferson es un famoso cantante que apadrina y se enamora de una nueva artista, Barbra Streisand. Una noche, en un concierto al aire libre frente a miles de personas, Kristofferson, borracho, le cede el escenario a su "ahijada". Al comienzo, la inexperta cantante está petrificada; su voz es apenas un susurro. El público empieza a abuchear. Streisand se ve asustada. Pareciera que va a llorar. Pero respira hondo, se tranquiliza y empieza a cantar como los ángeles. El público enloquece y… nace una estrella.

Desafortunadamente, una situación así es poco usual si no imposible. Si un artista se sube a un escenario y lo domina, es porque lo ha practicado muchas veces antes. Ha practicado su entrada, su venia, su salida, cómo levanta el micrófono, dónde se para, cómo gesticula. Esa manera casual de mirar al público de reojo, de recostarse junto a la guitarra en un momento crucial, todas estas acciones han sido repetidas y estudiadas, a veces casi tanto como la música misma.

En mis épocas de pianista, tenía una serie de pasos minuciosos que seguía antes y durante mi tiempo en escena, aunque pasaba todo el tiempo sentada. Practicaba cómo entrar al escenario, dónde exactamente pararme para dar la venia, dónde colocar mis manos antes de tocar. Sabía también que no todos los pianos ni todos los escenarios son iguales, y si el piano no estaba colocado donde yo pensaba que tenía que estar —a no más de dos pies del borde del escenario— lo movía.

Pero mis rutinas no terminaban ni empezaban ahí. En mi came-rino siempre tomaba té para calentarme (los nervios me enfriaban las manos); nunca café porque me aceleraba demasiado. Cinco minutos antes de salir al escenario repasaba en mi cabeza los primeros compases de todas las piezas que iba a tocar, pero sobre todo la primera. Luego, respiraba profundamente —una, dos, tres veces—, sonreía y salía. Y siempre, sin falta, sentía aquellas mariposas en mi estómago, me tem-blaban un poco las manos, me corría el pulso.

No importa cuánta preparación y práctica haya detrás, los nervios escénicos son parte de la realidad de todo artista. No conozco uno solo que se libre de ese mal. Ese dejo de ansiedad es uno de los elementos que llevan hacia la excelencia. Tengan por seguro que el día que un ar-tista se sienta plenamente tranquilo antes de salir a cantar o tocar, su presentación no va a tener la emoción necesaria. Pero, por otra parte, los nervios excesivos afectan adversamente lo que sucede en el escena-rio. Un artista no puede actuar convincentemente si sus nervios pueden más que él.

Es por esto que los artistas practican. Y es por esto que todo artista tiene un ritual antes de salir al escenario. Algunos rezan. Otros toman un trago. Otros, como René de Calle 13, sienten unas ganas inconte-nibles de orinar.

Gloria Estefan dice que aprovecha los momentos anteriores a salir al escenario para "abrir todos mis chakras y pensar en todos mis puntos de comunicación. Rezo para que todo salga lo mejor posible e inter-cambiamos energía con la banda. Imagino un punto encima de mi cabeza, en mis manos y en mi plexo solar. Y trato de hacer todo lo más normalmente posible y no pensar demasiado sobre lo que va a suceder".

Y si hay un ejemplo realmente emblemático de una gran artista que aprendió a tocar en vivo es precisamente Estefan.

"Me tomó diez años, innumerables tocadas en vivo —desde pre-sentarme ante una sola persona en un club hasta ciento cincuenta mil en un festival— hasta que me di cuenta que se trataba de soltarme y dejar que la gente viera lo que amo de la música y lo que puedo hacer en el escenario", cuenta Estefan. "Me tomó mucho tiempo porque no quería ser el centro de atención. Recuerdo que lo que amaba de Miami Sound Machine era que Emilio era el líder que tocaba percusión y yo cantaba atrás. La primera vez que me empujaron en frente de la banda fue en un desfile de modas en México. Estaba la pasarela del desfile y en la mitad, un escenario donde querían que yo me parara a cantar. Casi me muero. Y dije: 'No puedo hacer esto'. Y Emilio dijo: 'Sí puedes'. Fue como cortar el cordón umbilical. Nunca lo olvidaré; fue muy traumático. Pero soy el tipo de persona que si dicen, ahógate o nada, voy a nadar. Y todas las pequeñas cosas que pasaron en el camino me prepararon para cuando reventamos en 1985. Fueron diez años. Gracias a Dios. Porque no hubiera estado lista si hubiéramos tenido toda esa atención global desde le comienzo".

Tocar en vivo es un poco como pararse en un altísimo trampolín y mirar hacia abajo a la piscina. Qué lejos se ve, ¿verdad? Qué miedo da la caída. Estamos ahí parados, muertos del susto, y nos preguntamos si dolerá el impacto cuando peguemos contra el agua. Y de repente, alguien viene detrás de nosotros y nos empuja. Sentimos un pánico inmediato y brutal, pero no hay nada qué hacer. ¡Estamos cayendo! Y finalmente nuestros pies parten el agua, y se siente fría y refrescante y, para nuestro grandísimo asombro, seguimos vivos. Y de repente, pasa algo extraordinario. Miramos hacia arriba y ya no se ve ni tan larga ni tan aterrorizante la distancia entre el trampolín y el agua.

Y ahora, queremos hacerlo nuevamente. Una y otra y otra vez.

¡Bienvenidos al mundo de las presentaciones en vivo!

*L*OS CINCO CONSEJOS...
para empezar a tocar en vivo
∙∙∙∙∙∙∙∙∙∙∙∙∙∙∙∙∙∙∙∙∙∙∙∙∙∙∙∙∙

1. Aprovecha tu entorno: los concursos de talento, la iglesia y las producciones musicales ofrecen excelentes oportunidades.

2. Prepara un portafolio que incluya un demo de tres temas, fotos, biografía y enlaces a videos.

3. Ofrece tus servicios a bares, restaurantes y clubes.

4. Define las condiciones de tu presentación, incluyendo precio y requerimientos técnicos (también conocido como *rider*—ver Glosario en la página 233).

5. Busca oportunidades en eventos de la industria musical.

CAPÍTULO 4

La identidad

Si les falta tiempo y pueden leer un solo capítulo en este libro, que sea este.

En este capítulo hablaremos de la esencia del éxito. Hablaremos de lo que pocos hablan porque es algo subjetivo y sin fórmula. En este libro encontrarán consejos sobre cómo conseguir un contrato disquero, cómo conseguir un contrato editorial, cómo conseguir un acuerdo con una sociedad de colección. Hablaremos del trabajo de promoción y de las cualidades de un éxito radial.

Pero para que suceda cualquiera de esas cosas, tiene que existir un fundamento, un punto de partida. Ese fundamento es algo que yo llamo la identidad musical. Esa identidad que desarrolla cada artista es la base del éxito; es el ingrediente que no puede faltar.

Hace poco, una joven cantautora, recién graduada de Berklee, me pidió una reunión para mostrarme su demo de canciones originales. Me encantó. Su voz era hermosa y dulce, sus canciones tenían melodías memorables y la producción era sencilla pero excelente. Pero cada tema correspondía a un estilo distinto: Había *rock*/pop, alternativo, *dance* y hasta tropical.

"Me gusta", le dije, "pero tienes cuatro estilos distintos aquí. ¿Cuál es el tuyo?".

"Todos", me contestó. *Todos* porque uno de sus maestros había sugerido que grabara canciones de todo tipo para así incluir todos los géneros de música latina en su mira y ampliar sus posibilidades. Pero tratar de ser todo para todo el mundo, o tratar de hacer lo que otros han hecho, es una pésima idea para aquellos que buscan el estrellato.

En el mundo de la música, los artistas que más perduran y los que más venden son, por lo general, aquellos que suenan distinto a todos los demás, los que poseen características únicas, los que tienen su propia identidad, sea por su voz, sus canciones, su estilo en escena o cualquier elemento que los separa del resto. El artista con identidad propia puede cantar las mismas baladas que otro, pero su voz y su estilo lo hacen inmediatamente reconocible.

Como dijo recientemente mi amigo José Tillán, ex vicepresidente de programación de MTV Latin America: "Cuando un artista dice que es el próximo Bruno Mars, ya tiene la batalla perdida. No solo está años retrasado, sino que ya existe Bruno Mars. Si alguien quiere escucharlo, va a ir al original".

Hay, por supuesto, excepciones. Todo gran éxito genera imitadores y, dependiendo de la época y del año, hemos visto múltiples *boy bands* (bandas juveniles), baladistas románticos, raperos estilo Pitbull y bachateros bilingües. El joven bachatero Prince Royce sin duda se inspiró en Romeo Santos y Aventura. 'N Sync y Backstreet Boys ambos fueron éxitos casi simultáneos. Pero aun en estos dos casos, los cuatro artistas tenían una identidad definida.

No se trata sencillamente de ser distinto, aunque esto juega un papel importante. También se trata de sentirse completamente a gusto como artista, de poder dar todo de sí porque la música representa a la persona o lo que quiere representar. Es un poco como un rompecabezas con el cual uno trabaja por días enteros hasta que finalmente encuentra la solución. Un artista con identidad propia se identifica con una sola escucha. Pero crear esa identidad es algo que puede tomar mucho tiempo, y mucha experimentación.

En sus inicios, Carlos Vives era un cantante de *rock* antes de meterle ritmos de vallenato a su música y crear un sonido único. Lady Gaga experimentó con toda suerte de sonidos, *looks* y formatos —incluyendo bandas de *rock*— antes de convertirse en Lady Gaga. Juanes empezó como cantante de Ekhymosis, una banda de *rock* colombiana, antes de lanzar su carrera solista. Si uno escucha la música de Ekhymosis, la voz de Juanes es inconfundible. Pero la mezcla única de esa voz con la guitarra roquera y rasgada que se convertiría en otra firma de Juanes vienen después y contribuyen a lo que lo hacen un artista único.

Hace poco, escuché una entrevista con el cantautor y pianista norteamericano Billy Joel en la cual admitía con total honestidad que no era el mejor pianista ni el mejor cantante. También podemos ver que este hombre bajito, regordete y de ojos saltones está lejos de ser el más buenmozo. ¿Cuál es, entonces, el secreto de su éxito?

Que tiene un estilo único.

¿Y en qué, exactamente, consiste un estilo único? Es casi imposible definir o describirlo. Pero es la cualidad que nos hace alzar el volumen de la radio y preguntar, "¿Quién es ese?". Es la cualidad que nos hace interrumpir nuestra conversación para prestar atención al escenario cuando estamos en un bar.

Algunos artistas nacen con ese toque único y con ese carisma natural. Todos hemos presenciado alguna de esas competencias de talento donde una voz o un pequeño resalta por encima de todos los demás. Pero aun estos talentos "naturales" tienen que desarrollar su identidad musical; o como dice una amiga mía, ex ejecutiva de Sony: "El mundo está lleno de excelentes cantantes, pero no de excelentes artistas".

Esto sucede porque la mayoría de los artistas se toman el tiempo para desarrollar su voz y su personalidad. No solo eso, también desarrollan su estilo y perfilan su género y su repertorio.

*D*efine tu género y repertorio

Empecemos por el género y el repertorio, porque es lo más fácil de definir y, sin embargo, es donde muchísimos se equivocan y pierden su camino.

Uno de los grandes errores que veo repetidamente cuando algún artista en desarrollo me envía sus discos, es que su música no está definida. He recibido discos cuyo repertorio incluye *dance*, baladas, folclor y música en inglés. He hablado con jóvenes artistas que dicen que pueden cantar cualquier cosa. Debo decirles que esta postura no es comercialmente viable. No es ecléctica ni inventiva. Sencillamente da la sensación de que todavía te estás encontrando como artista. Yo, como consumidora, quiero saber qué y a quién voy a escuchar y comprar.

Si escucho el primer tema de un álbum y es una balada, y el segundo es un tema alternativo en inglés, quedo desorientada. Un artista debe tener consistencia en su música; debe tener un sello, un sonido que lo defina. Si su música va en muchas direcciones a la vez, esto no lo hace versátil sino poco definido. Se puede tener variedad pero siempre dentro de una línea sonora consistente, de manera que cuando se escuche la música, el oyente pueda decir: "Ah, esta es la música de X o Y". El proceso de definir géneros y estilos es algo que se puede hacer experimentando en las redes sociales y en Internet (ver capítulo 8, "Las redes sociales e Internet") pero que anteriormente se hacía tocando en vivo, viendo qué funcionaba y qué no.

El astro mexicano José José, por ejemplo, es conocido en el mundo como poseedor de una de las voces más exquisitas de la música latina, y como el intérprete de temas que se han convertido en clásicos de la canción latinoamericana. Pero no siempre fue así. De hecho, la carrera de Pepe Sosa *antes* de convertirse en José José fue larga y pasó por muchas transmutaciones. José José fue cantante de *rock* antes de convertirse en baladista, y un *gig* como serenatero fue el que lo llevó a su primer contrato disquero con Discos Orfeón. Pero aún en ese momento no definía su estilo.

"Grabé 'El mundo', de [el compositor y cantante italiano] Jimmy Fontana. Mi primer contrato era de un sencillo por año. Entonces mi carrera discográfica ya comienza en el programa de variedades [de televisión] más importante de aquella época. Se llamaba 'Orfeón a Go-Go'. Ellos tenían el programa más importante, sólo con el elenco de la disquera. Debute con 'El mundo' y con 'Ma vie', de Alain Barrier. Eran las únicas dos canciones que tenía y las cantaba en español. Antes se usaba eso. Llegaban las baladas y se traducían al español. Yo no escogía las canciones. En esa época ni regalías se pagaban. Era insólito, pero así era. Yo estuve en el elenco de Orfeón en 1965, 66 y 67 y no pasó nada con mi famoso lanzamiento, porque yo pensaba que me iban a hacer famoso. Entonces resulta que en marzo del 66 entré a tocar en un grupo que era diferente al trío de las guitarras, porque era piano, bajo y batería. Y ahí empecé a tocar jazz y bossa nova. PEG le pusimos al grupo porque éramos Pepe, Enrique y Gilberto. Empecé a desarrollarme musicalmente hablando, y fue mi gran enseñanza. Nos iba súper bien, tocábamos en los mejores lugares de México. Y dije: 'Aquí me quedé', no serví de solista. Grabamos un disquito pero para los bares de la época. Cuando me llega una oferta para entrar a RCA/Victor a través de mi maestro Armando Manzanero. Y yo le dije no, gracias, yo ya fui solista. Y mi mamá fue la que me dijo: 'Estás cantando muy bien. Debes aceptar ese contrato'. Entonces, para efectos del lanzamiento, me tocó salirme de los PEG. Yo tuve que dejar de ganar el dinero que ganaba tan bueno para dedicarme a la carrera de solista otra vez. Y así me lanzaron de solista como José José.

"Hicieron mi lanzamiento en el 69 ya con canciones hechas especialmente para mí. 'Cuidado', 'Solo una mujer', 'Te extraño' del maestro Manzanero. [...] Me dijeron en la radio que las canciones eran muy finas. Que no eran comerciales. Entonces le dije a mi mamá: 'Ya ves lo que pasó por salirme de los PEG'. Ya no teníamos grupo, ya no teníamos trabajo. Y dice mi mama, 'No, no te preocupes que algo va a pasar porque tu estás cantando muy bien'. Y en el mes de octubre del 69, me llegó 'La nave del olvido'. La escribió Dino Ramos. Entonces yo grabé 'La nave del olvido' y fue mi primer gran éxito mundial. Y todavía me toca cantar esa canción y 'El triste'. [...] Los jóvenes cuando empiezan a enamorarse empiezan a entender mi música.

"Uno empieza a cantar lo que oye. Yo me enamoré de la música romántica porque empecé cantando música romántica. Pero me pasó lo mismo: yo canté rocanrol y bossa nova. Pero cuando me enamoré y empecé a entender lo que decían, dije: 'Aquí me quedo yo'".

Es importante entender que los artistas evolucionan con el tiempo y que, por supuesto, todos queremos crecer como músicos y como artistas. Pero tener un sonido que identifique al artista es esencial. Lo que sucede es que definir este sonido a veces toma mucho tiempo y mucha paciencia.

El grupo mexicano Camila, por ejemplo, en sus comienzos no era un trío. Era un proyecto solista de Mario Domm, el tecladista y voz principal del grupo, quien, a su vez, había empezado como compositor antes de ser firmado.

"Camila para mí, sin duda, es uno de los proyectos más importantes de mi vida", cuenta Paul Forat, el vicepresidente de A&R (artista y repertorio) para Sony Music Latin, el sello que al final no solo firmaría a Camila sino que ayudaría a crear el grupo.

"Mi primer disco como A&R en México lo hice con Mario Domm como solista. Vendimos 4.200 discos en México. Y me dieron la carta de retiro de Mario. Y la carta la guardé. Nunca se la di, pero les dije que se la había dado. Y seguimos trabajando. Le hicimos un plan a Mario para construirle un nombre, para que en un futuro pudiéramos volver a grabar. Las primeras canciones que me dio fueron 'To-cando fondo' y 'No me vuelvo a enamorar' para Kalimba. Entonces, paralelo a la promoción del artista, le hacíamos promoción a Mario. Y luego lanzamos a Mario como productor. Y su primer disco fue el de Reyli, que vendió 700.000 copias. Produjo varias cosas y, finalmente, sentimos que tenía suficiente nombre".

Domm, por su parte, empezó a crecer como productor, un rol que nunca había ni buscado ni imaginado. Un día, produciendo a Reyli, llegó al estudio uno de los coristas —Samo.

"Me di cuenta que podíamos hacer algo. Su voz era tan distinta a la mía", recordó Domm en un documental sobre Camila. "Buscamos un guitarrista y llego Pablito como primera opción y como única. Y en ese momento lo intuimos los tres, hicimos varias canciones. Teníamos la idea de llamarnos Altavoz. Salimos a radio como Altavoz pero el nombre ya era de alguien más. Y teníamos como opción [el nombre] Camila y alguien nos dijo que Camila quiere decir cerca a Dios y sabíamos que era ahí. Samo deja a Reyli y deja de ganar dinero. Yo dejo de producir y dejo de ganar dinero. Pero al poner las manos sobre el piano, y escuchar cantar a Samo, escuchar a Pablo, no tenía duda".

Esa es la historia de un compositor que se vuelve solista que se vuelve productor y que finalmente encuentra el éxito como un tercio de un trío de música pop donde todavía tiene relevancia pero donde no todo gira a su alrededor. Parecida es la historia de Samo, quien hoy en día lleva carrera de solista y ya no forma parte de Camila.

El ascenso de Domm al estrellato tomó tres permutaciones y casi diez años. En otras palabras, fue paciente. Y ese es mi consejo para ti: sé paciente. Si algo no funciona, quizás funcione de otra manera o con algún cambio leve. Mientras que no sientas comprometida tu integridad artística, siempre irás por buen camino.

También ten en cuenta que si buscas emular (o imitar) el sonido de otro artista, corres un gran riesgo. Si hoy decides grabar algo que "suene parecido a" Pitbull, por ejemplo, porque eso es lo que hoy da resultado en la radio, cuando salga tu canción, casi un año después, ya estarás pasado de moda. Escucha a otros para aprender, pero no para imitar. Aunque es cierto que algunos artistas derivativos tienen éxito, ese éxito tiende a ser efímero. Lo que perdura es lo original.

Y así como hay artistas que experimentan hasta que encuentran su "voz", por decirlo así, hay otros que se encaminan desde el primer momento y nunca, nunca se salen de su curso.

Tomen el ejemplo del cantante ranchero Vicente Fernández. Siempre supo que cantaría música ranchera y nunca quiso salir de ese entorno. Y siempre supo que su fuerte no era componer (aunque ha compuesto varios éxitos) sino interpretar.

"Desde que me acuerdo [quise cantar ranchera]", dice Fernández. "Cuando yo estaba de seis, siete años, iba a ver las películas de Pedro Infante, y le decía a mi mamá, 'cuando yo sea grande, voy a ser como ellos'".

La definición de Fernández como Rey del Mariachi se extiende incluso a sus colaboraciones.

"Todos los que vienen a grabar conmigo tienen que cantar ranchero. Roberto Carlos tuvo que cantar ranchero. Vicki Carr tuvo que grabar ranchero. Celia Cruz cantó con mariachi. Yo con todo el mundo acepto grabar, pero siempre y cuando sea con mariachi".

A medida que madures como artista, vas a escuchar muchos comentarios y opiniones sobre qué debes cantar y cómo. Presta atención, especialmente si las palabras vienen de alguien que respetas. Pero nunca hagas algo con lo cual no te sientas cómodo. Si eres un cantante pop y te dicen que cantes salsa, y no lo sientes como algo orgánico y real, no lo hagas. Si no estás convencido, mucho menos lo estaremos nosotros. Tampoco te definas por las modas. Recuerda lo que ya mencioné: Si imitas, lo que es moda hoy estará pasado de moda mañana. Grabar y sacar un disco toma tiempo, y la música cambia. Como artista, tú eres el que tiene que imponer modas, de lo contrario, no tendrás éxito.

*E*ncuentra tu voz y tu *look*

Así como es esencial definir quién eres en cuestión de género y estilo, también debes definir quién eres en cuestión de voz y, si eres instrumentalista, en cuestión de sonido. Como dije anteriormente, las mejores voces no son necesariamente las que triunfan. Solo escucha a Shakira, a Alejandro Sanz o Romeo Santos. No son voces técnicamente virtuosas, pero son voces distintivas, inconfundibles. Son voces que te hacen parar lo que estás haciendo y preguntar: "¿Quién es?". Esta es la cualidad más importante. Incluso una gran cantante, como Adele, tiene ese "algo" en su voz. Hay artistas a quienes tan solo su voz los hace distintos; pero no la calidad de su voz, sino sencillamente su voz.

"Mucha gente dice, 'Oh, yo no creo que tenga una gran voz'", me dijo Enrique Iglesias hace algunos años, describiéndose a sí mismo. "Cuando yo era chiquito me sentaba con mi papá y escuchaba a gente decir, 'Bueno, no es un gran cantante'. Es Julio Iglesias y sabes que es Julio Iglesias, ¿sabes? No me estoy comparando con mi padre. Pero cuando escuchas a Bob Dylan, ¿acaso es un gran cantante? No, pero tiene magia en su voz, es tan distintivo. Siempre he dicho, hay millones de personas que pueden cantar. ¿Pero por qué no tienen contratos disqueros como solistas? Realmente pueden grabar un álbum que no te aburra, que te haga decir, 'Bueno, ¿hay algo especial en su voz?'. De eso es lo que se trata realmente. Es el querer contar una historia, poder contar una historia y que la gente se lo crea".

¿Se puede cultivar una voz? Todos estos aristas dicen que estas son sus voces naturales a la hora de cantar. Pero sin duda, una voz puede trabajarse, puede mejorarse (como ha sido el caso de Chayanne y Ricky Martin a través de los años) y puede educarse, como ha sido el caso de muchísimos cantantes pop que han tomado lecciones de canto.

Y, más allá de la voz, está la presencia escénica —la manera en que el artista se comporta en el escenario, cómo se mueve, cómo se para, cómo mira— y el *look* general. Muchos puristas argumentan que el *look*, o la imagen, no importa; que lo único que debe importar son la voz y la canción. Lo siento, pero esto no es realista. El público consume un paquete entero y ha sido así desde siempre, incluso en las épocas de la música clásica cuando el compositor Franz Liszt famosamente volteó su piano para que el público pudiera admirar su perfil en lugar de verle la espalda.

Cuando yo era pequeña, siempre pensé que los artistas se vestían como lo hacían por sí solos. Que sencillamente compraban un atuendo y se lo ponían. No podía imaginar que existieran estilistas y vestuaristas que guiaran la apariencia física de estos creadores de música. Pero lo hacen porque son expertos en qué se ve bien dónde. Piensa bien qué imagen quieres proyectar en el escenario y con tu música. ¿Qué tipo de ropa y de *look* te va a definir? Los estilistas saben qué colores funcionan mejor en el escenario y en la pantalla; un buen estilista es objetivo y puede decirte qué te queda bien y qué no. Si tu no te sientes cómodo seleccionando tus propias vestimentas, busca ayuda. No te quita ni originalidad ni estilo; al contrario, puede ayudarte a refinar el *look* que has buscado.

Ese *look* debe estar acorde con la música que haces. Si eres miembro de un grupo de *rock* alternativo puedes vestirte de jeans viejos, camiseta y camisa de cuadros encima. Pero a alguien tipo Luis Miguel no le va. Cuando Shakira era una roquera, también salía al escenario de jeans. Hoy, se viste con ropa reveladora o elegante que va acorde a una música más *dance* y a unos videos más eróticos. Pitbull es un rapero pero jamás se pone jeans en el escenario ni en ninguna función pública. Siempre se viste de traje ajustado, un *look* acorde con su imagen de estrella internacional global. Enrique Iglesias siempre se pone jeans sueltos y gorra de béisbol. Carlos Vives se viste como su música —una mezcla del trópico y del Caribe.

No importa qué te pongas, lo importante es que tú como artista transmitas lo que quieres transmitir a tus fans. Ciertamente, no puedes ser expresivo en el escenario si piensas que te ves ridículo. Y recuerda que a medida que evoluciona tu música también pueden evolucionar tu vestimenta y apariencia, como han demostrado ampliamente artistas como Lady Gaga y Madonna.

Más allá de la música, de la vestimenta, de las pelucas, está el comportamiento en escena. ¿Quién eres y quién quieres ser? ¿Eres Marc Anthony, corriendo de un lado a otro del escenario e inclinándote hacia atrás, brazo extendido, cuando quieres crear mayor impacto? ¿Eres Vicente Fernández, siempre vestido de charro? ¿Eres Juanes, siempre con tu guitarra en mano?

Debes definirte. Debes estar seguro de la imagen que quieres proyectar. Hay pocas cosas más impactantes que un joven artista que sabe quién es.

Pero si no lo sabes aún, no te preocupes. La música y el arte son maleables. Lo que hay que tener es amor al arte y mucha paciencia. A manera de inspiración, los dejo con estas palabras de Elton John, quien en una entrevista en *The Graham Norton Show* dijo que sentía lástima por los concursantes de *The X Factor*.

"El tipo de celebridad que te dan los *shows* de televisión, sin que tengas experiencia tocando en vivo, quiere decir que te tiran a los lobos", dijo. "La experiencia que tú obtienes tocando en un grupo y ganando muy poco por hacer lo que amas es lo que te da el soporte, el ánimo y la experiencia que necesitarás más tarde. No es que me disgusten las personas en estos *shows*, pero me dan lástima; ganan el *show*, graban su disco y al año siguiente ya viene alguien más".

No dejes que esto te suceda a ti. Desarrolla tu propia identidad musical.

*L*OS CINCO CONSEJOS...
para crear tu propia identidad

1. Crea tu propio sonido. No imites.

2. Define tu género.

3. Desarrolla tu voz y aprende a desenvolverte en el escenario.

4. Crea un *look* acorde con tu música.

5. ¡Sé paciente!

CAPÍTULO 5

El factor X

¿*Q*uién tendrá éxito? ¿Quién será famoso? ¿Quién canta "bien"? ¿Quién canta "mal"?

Estas son las preguntas que más a menudo me hacen sobre el mundo de la música. Si algunas personas tienen éxito y algunas no, debe ser porque hay una fórmula que lo determina, o porque hay algún talento especial, alguna inclinación de genio.

Pero no es así. El éxito en la música es algo distinto al éxito en casi cualquier otro campo. No se puede predecir por talento, ni por técnica, ni por dinero, ni por años de aprendizaje, ni por apariencia física. Uno pensaría que los mejores cantantes son los más exitosos, pero no es el caso. Algunos dicen que las únicas artistas femeninas que llegan al estrellato son las más lindas o sensuales, pero tampoco es cierto. Como tampoco es cierto que solo los hombres guapos venden discos.

Como ya indicamos en el capítulo anterior, en el mundo de la música, los artistas que más perduran y los que más venden son, por lo general, aquellos que suenan distinto a todos los demás, los que poseen características únicas, los que tiene su propia identidad.

Pero además de eso, hay otro elemento que entra en juego: el factor X.

Y, ¿qué es el factor X? Se le dice "factor X" porque es un ingrediente inefable, imposible de describir. Pero es el ingrediente que muchas veces diferencian al artista exitoso de la súper estrella. El factor X es lo que nos hace permanecer con los ojos pegados al escenario o a la pantalla de televisión. Es lo que nos impide cambiar de emisora. Cuando vemos a un artista, tras otro, tras otro, es lo que nos hace sentarnos un poco más derechos en nuestros asientos. El factor X es, de alguna manera, la habilidad —aprendida o innata— que tienen ciertos artistas para conectar con su audiencia a través de su música o su presencia.

No voy a decir que hay que nacer con el factor X, porque no es cierto. Por lo tanto, cuando la gente te diga que hay que nacer con esa "estrella" o con esa "chispa", no lo tomes literalmente. Sí. Hay personas que nacen con un don que los diferencia a la hora de hacer música. Pero el factor X, como la identidad, también se desarrolla, y ambos van íntimamente ligados.

De la única manera que la gente se lo cree, es si tú mismo te lo crees. Los artistas a menudo dicen que eran tímidos o retraídos antes de levantar una guitarra o de cantar una canción. Recordemos las palabras de Ricardo Arjona al comienzo de este libro:

"Yo tenía mis grandes dudas cuando ponía mi música en una grabación. […] Pero sí descubría la reacción cuando tomaba una guitarra". Arjona descubrió esto cuando apenas era un adolescente flaco y tímido que despertaba reacciones distintas en el momento que agarraba una guitarra y se ponía a cantar.

Arjona tenía ese factor X. No sabía articularlo a esa edad, pero tenía ese "algo" y lo supo reconocer. Gloria Estefan también lo tenía. Pero otras personas lo reconocieron antes que ella, hasta que llegó ese momento "traumático" que ella describe en el capítulo sobre la música en vivo, donde su esposo Emilio prácticamente la obligó a cantar frente a toda la banda por primera vez.

Y también hay artistas que no tienen un factor X —o por lo

menos, no lo tienen en sus comienzos. Tú sabes exactamente a quién me refiero. Es el artista que empieza a cantar durante la noche de cantautores en el bar y los asistentes utilizan su set como excusa para ir al baño, charlar o pedir un trago. Es el artista que tiene que pedir al público "Silencio, por favór". Es el artista cuyo nombre no recuerdas al día siguiente.

Duele ser ese artista, pero debes exponerte al público para saber realmente dónde estás parado. Toca en público, y mide objetivamente la reacción. Pide opiniones: no de tu madre o tu novia, pero sí de tus amigos o de algún adulto en quien confíes plenamente. Pregúntales qué funciona y qué no, y prepárate para escuchar opiniones críticas.

Si estás en esa situación, no te desanimes. Aunque hay artistas que nacen con ese factor X, hay otros que lo cultivan con cuidado, así como cultivaron su identidad y así como cultivaron sus presentaciones en vivo. Les garantizo que no hay un solo artista en el Top 10 de los listados de Billboard que no haya hecho esfuerzos —enormes— por proyectar mejor, cantar mejor o verse mejor.

Es cierto que se puede nacer con cierto ángel, con un factor X. Pero si no se cultiva, se quedará en la arena de los bares, los pequeños escenarios y las grabaciones caseras.

Yo recibo mensajes electrónicos casi a diario de jóvenes artistas segurísimos de sí; convencidos de que tienen talento, identidad y el factor X. Si realmente sientes que lo tienes todo, entonces, como dicen en inglés: *Show me the money* (muéstrame el dinero). Es decir, muéstrame tu música, invítame a escucharte. Pero asegúrate de que lo que me vas a mostrar sea excelente. Asegúrate de que tus canciones sean espectaculares. Convénceme en el escenario. Así no tengas ese factor X, hazme creer que sí lo tienes.

*L*OS CINCO CONSEJOS...
para desarrollar el factor X
. . . .

1. Cree en ti mismo.

2. Sé abierto a las críticas y las opiniones.

3. Presenta tu música al mundo y mide qué funciona y qué no.

4. Toma clases y practica.

5. Atrévete.

CAPÍTULO 6

La prensa

$\mathcal{N}$o importa en qué etapa de tu carrera te encuentres, habrá personas buscando información tuya. Tu deber es dar a conocer quién es el artista detrás de la música, crear curiosidad y, finalmente, presentar no solo la música sino también la imagen que quieres que el mundo vea.

En este proceso ayuda muchísimo tener un publicista, algo que discutiremos en detalle en el siguiente capítulo. Un publicista ayuda a generar conversación alrededor tuyo y es una persona clave para generar interés temprano por parte de la prensa. Pero un publicista también cuesta dinero, luego es importante contratarlo en el momento correcto.

Tengas o no publicista, tú, como artista, tienes que tener un manejo básico de tu imagen y de la prensa.

Ese proceso empieza con lo que antes se conocía como el *press kit*, o carpeta de prensa, pero que hoy es información que también puede vivir en tu página web o tus redes sociales, como Facebook, Myspace, Reverbnation o el sistema o programa que prefieras. Sea cual sea el medio, el contenido es el mismo. Y sea cual sea el medio, es esencial tener esta información disponible y actualizada. Es tu tarjeta de presentación en el mundo del entretenimiento. Todo artista que se toma en serio y que quiere que otros lo tomen en serio, tiene una carpeta de prensa física o electrónica, no importa cuan breve sea su historia y carrera.

Una buena carpeta de prensa, página web o *dossier* electrónico debe contener:

- Una descripción breve del artista y su música.

- Un resumen de los logros más importantes, organizados en *bullet points* (viñetas). Por ejemplo: conciertos especiales, un *hit* en la radio, un patrocinio, seguidores en redes sociales.

- Por lo menos una buena fotografía, disponible en alta resolución.

- Música, en forma de un disco físico, o de enlaces a Spotify, Facebook u otros servicios.

- Enlaces a videos u otro material pertinente en línea, incluyendo dirección de Facebook, Twitter, Myspace u otras redes sociales.

- Información para contactar al artista o su representante.

Como puedes ver, el único costo asociado con hacer carpetas de prensa es el material y el costo de envío si optan por una carpeta de prensa física. Escoge lo que mejor se adapte a tus necesidades. Si tienes una página web, asegúrate de incluir toda esta información en ella. Luego, sencillamente envía un correo electrónico con el enlace a la página y el enlace a redes sociales o videos.

Aunque muchos artistas son partidarios de enviar MP3s con su música como carta de presentación, no lo aconsejo. Los MP3s son archivos pesados y llenan los computadores de los destinatarios. A mí personalmente me sacan de quicio. No me envíes un MP3 a menos que lo solicite. Prefiero un enlace a Soundcloud, Myspace, Spotify u otros servicios que permitan escuchar tu música sin necesidad de descargarla. (Además, recuerda que entre más "clics" tengas en cualquiera de tus servicios, más interés generas).

Recuerda, el objetivo es presentar al artista de la manera más convincente posible, y también simplificarle la vida a quien recibe el material. Si yo como periodista recibo una carpeta de prensa que no contiene información clara, concisa y emocionante, la dejo a un lado. Igualmente, si recibo un correo electrónico con enlaces que no me llevan directamente a la música o a un video, también pierdo interés.

Te preguntarás, ¿si lo más importante es la música, qué importa la biografía? Importa porque el artista no es una isla. Hoy, más que nunca, todo el mundo —desde empresarios hasta fans— buscan artistas que también sean personalidades o que tengan una historia que contar. El público quiere conocer al artista, saber de dónde viene, cuál es su trayectoria, qué lo motiva. Esta información clave puede marcar la diferencia entre un artista que recibe una mención de la prensa, y uno que no. Ya mencionamos, por ejemplo, que antes de ser un cantante exitoso, Jon Secada fue corista y compositor de Gloria Estefan. Este dato biográfico fue crucial en despertar interés en su carrera. Es interesante saber que Bruno Mars es de padre puertorriqueño y que su verdadero nombre es Peter Gene Hernández. Es un dato que le abre puertas en el mercado latino. Pero es igualmente importante saber que Mars se crió cantando; es algo que empieza a explicar su talento y le da peso a su historia.

Lo cual lleva al siguiente paso. Tienes tu archivo de información que o vive en línea o está a tu disposición. Ahora sientes que tu música y tu carrera ameritan tener un poco de atención de los medios y quieres enviar un comunicado o de alguna manera acercarte a ellos.

Te aconsejo que si vas a enviar tu información al mundo, asegúrate de que tenga la substancia para ameritarlo. Para ser brutalmente honesta, el mero hecho de existir y de creerse bueno no quiere decir que mereces atención. Ser estrella en el ámbito musical es un poco como ser un atleta profesional: el tener talento llama un poco la atención pero el verdadero despliegue de interés llega con un acontecer notable como ganar un partido o meter un gol. Está bien enviar enlaces a tu música y a tus videos para crear interés y generar consciencia de que estás en el ámbito. Pero para lograr generar real atención e interés de los medios, tienes que tener una "noticia" que contar, por más pequeña o efímera que sea.

Por ejemplo, si mandas un comunicado de prensa que dice: "Pepa X estará sacando su primer álbum el próximo mes. Es una colección de temas pop con influencias roqueras compuestos por la cantante colombiana, quien ya recibe las mejores criticas", va a ser difícil que te presten atención. Después de todo, miles y miles de álbumes de música pop se lanzan todos los años. Ahora bien, si dices: "Pepa X, la joven estudiante de bachillerato cuyo tema XXX actualmente ocupa la posición número 5 en las carteleras de radio del país, nos cuenta cómo escribió su *hit* durante el recreo en el colegio", la historia se vuelve más interesante. O si dices: "Pepa X, quien abrió este verano los conciertos de Alejandro Sanz", también está más interesante. O, "Pepa X, cuyo video en YouTube tiene un millón de vistas a pesar de nunca haber sacado un álbum", también. O —y aquí entra el asunto de tener historia— si dices: "Kany García, quien abrió los conciertos de Franco de Vita, va a sacar su primer álbum", también despierta mi interés.

El solo hecho de hacer música no es suficiente para generar el interés de la prensa. Pero una vez que empieces a encontrar algún éxito con tu tema, o que tengas una historia que contar, o que gente importante te vea tocar en vivo (ver el capítulo sobre tocar en vivo) y empiecen a hablar de ti, ya estamos listos para saber más.

Eso no quiere decir que no debes acercarte a los medios. Ten esa carpeta de prensa lista para el día que tengas un concierto, un *showcase* o tocada, y te sientas listo para que la prensa especializada te escuche, te analice y hable al mundo de tu talento. Por lo general, aunque muchos periodistas hacen reseñas de álbumes de nuevos artistas, esto ocurre cuando ya hay un sello detrás lanzando el álbum o cuando el artista ha generado tanto interés y atención por sí solo que la prensa está pendiente de su desarrollo.

Sin embargo, la prensa local es bastante receptiva a reseñar las actuaciones de grupos locales, y usualmente toda ciudad tiene diarios, sitios web y blogueros que cubren las presentaciones locales. Ese tipo de prensa es lo que puede llevar no solo a ganar más dinero tocando, sino también a que un sello diga: "¡Yo quiero firmar ese artista!".

La Santa Cecilia, por ejemplo, un grupo alternativo de Los Ángeles, empezó su carrera tocando en bares del Sur de California. Ya en 2009, el diario alternativo *OC Weekly* escribió que el grupo era "la próxima gran banda latina de Los Ángeles". Ese tipo de cobertura generó atención de la industria misma, y en 2012, La Santa Cecilia firmó un contrato disquero con Universal Music Latino. En 2014, el grupo ganó un Grammy en la categoría de Mejor Álbum Latino de *Rock*, Alternativo o Urbano.

Pero la prensa no se debe ver primordialmente como un vehículo para llegar a ese contrato disquero. La prensa es también lo que hace crecer exponencialmente la fama de un artista; una buena reseña lleva a que gente nueva busque al artista y su música, y, a fin de cuentas, ¿no es eso lo que buscas tú como artista? ¿Llevar tu música al mayor número de personas posibles?

Por este motivo, trata con cariño a los periodistas. Es terrible recibir malos comentarios, pero es aún más terrible ser ignorado. Eso es lo que sucede si un artista demuestra cero humildad y agradecimiento (y, ojo, cuando digo "agradecimiento" no estoy hablando de enviar un regalo, sino sencillamente de dar las gracias, un detalle que muchos olvidan).

Hay otros puntos básicos de protocolo que todo artista haría bien en tener en cuenta desde el puro principio de su carrera:

- Ser puntual.

- Ser cordial.

- Dejar la impaciencia en casa; si un periodista está sacando tiempo para hablar contigo, debes darle toda tu atención.

- Ser honesto y auténtico. Recuerda que las cualidades que hacen que tu música sobresalga son las mismas que hacen que tú sobresalgas como artista. Ningún periodista quiere ver ni entrevistar clones. Queremos artistas únicos e interesantes con algo notable para decir.

Y ten en cuenta que la persona que te entrevista hoy, muy probablemente sea la persona que te entrevistará mañana, o en un mes, o en un año.

Hace mucho tiempo, cuando era la crítica de música pop del *Miami Herald*, me pidieron entrevistar a un nuevo artista cubano que iba a dar un concierto en un pequeñísimo club. Accedí porque me gustó mucho su álbum. Dado que era un artista que apenas empezaba, planeaba un artículo pequeño en la sección de música. Pero la entrevista, a pesar de ser telefónica, fue de las más amenas e interesantes que había hecho en mucho tiempo. La conversación de quince minutos se convirtió en una conversación de cuarenta y cinco minutos, donde hablamos de música, política, arte y el futuro de la industria y la música cubana. Yo estaba cautivada. Esto merecía más que un pequeño artículo; este artista y su música merecían un *gran* artículo. Fui a mi editor y le expuse las razones por las cuales me debería dar una página entera: este artista era hijo de un famoso músico cubano y nuestros lectores en Miami estarían interesados en su futuro. Estaba forjando su propio camino. Su música era hermosa. La entrevista estaba ligada a su presentación. Y además, ¡tenía tanto para decir!

El editor estuvo de acuerdo, y el día del concierto salió un artículo de página completa con una gran foto. Yo estaba muy orgullosa de mí misma porque sentí que estaba cumpliendo mi misión como crítica y amante de la buena música. Estaba develando a un artista a un gran público. Pensaba que este artículo en uno de los diarios más leídos del país podía realmente tener un impacto positivo en esta carrera en desarrollo.

Ese mismo día sonó el teléfono. ¡Era la esposa y mánager del artista! "Qué bien", pensé. Llama a darme las gracias. Qué equivocada estaba. Por los siguientes quince minutos, la mujer me gritó por el teléfono. Estaba ofendida por la manera en que me había referido a su artista; una manera, pensaba ella, que confundía con su padre.

"Pero, si es un gran artículo", balbuceé. "¿Usted está descontenta con algo semántico cuando tiene un artículo de página entera?".

"No", me gritó la mujer. No estaba descontenta. Estaba furiosa. Yo era una estúpida, me dijo.

Colgué el teléfono, totalmente desanimada. Le conté la historia a mi editor y pregunté si tenía que escribir una corrección (en el periodismo, los errores del periodista se reconocen y se imprimen). Claro que no, dijo mi editor. No hay error para corregir. No has hecho nada mal.

Esa noche era el concierto del artista. Pensé en no ir, pero después decidí que esa actitud sería poco profesional. Asistí, y escribí una reseña positiva y, a mi manera de ver, justa.

Años después, me volvieron a llamar para que escribiera sobre este artista, quien ahora se dedicaba a tocar en un circuito más de jazz, pero decididamente latino.

"No, gracias", le dije a su publicista. "Mis años de pasar insultos han terminado". Nunca más escribí sobre él.

Como artista, debes recordar que las personas que cubren entretenimiento, sea música, televisión o cine, tienen el deber de cubrir la "noticia"; por ejemplo, ganar un premio, debutar en el número uno, conseguir un rol en una serie televisiva o un lucrativo contrato. También debemos escribir sobre las noticias negativas: los accidentes, las demandas, las peleas. Pero sobre todo, nos dedicamos a esto porque amamos la música y a los artistas, y nos da gusto verlos tener éxito. Nos convertimos en sus abanderados. Queremos que el mundo los conozca. Por eso, los artistas que regañan e insultan nunca serán nuestros favoritos, aun si nos toca cubrirlos por noticiosos.

Ahora bien, supongamos que todo marcha como debe. Tienes un concierto importante y viene a verlo un importante crítico, que luego escribe una reseña espantosa. ¿Cómo te recuperas de algo así? Muy sencillo. Te sacudes y sigues adelante. Hace muchos años, los críticos podían hacer o destruir a un artista. Una crítica en un diario como el *New York Times* o incluso el mismo Billboard podían hacer la diferencia entre el estrellato y el anonimato. Hoy en día, por supuesto que ayuda tener buenas reseñas. Una buena reseña abre puertas de reconocimiento, puede abrir las puertas a otras presentaciones, puede abrir las puertas a más y mejores oportunidades mediáticas. Pero en estas épocas cibernéticas, donde todos tienen acceso a la red y cualquiera puede publicar opiniones y críticas, una critica negativa no es tan devastadora. De hecho, algunos argumentarían que la crítica que realmente importa es la de del público en general.

En los MTV Video Music Awards de 2013, Miley Cyrus, quien se volvió famosa en su temprana adolescencia haciendo el papel de Hannah Montana en la serie televisiva de Disney, hizo historia al tomar el escenario vestida con un traje ultrarevelador y bailando eróticamente junto a Robin Thicke. La presentación de Cyrus fue una combinación de escándalo y sensacionalismo que encendió tanto la redes sociales como los comentarios de todos los medios cubriendo el evento. La respuesta fue categóricamente negativa: todos —desde los críticos de música hasta los artistas y el público mismo— dijeron en su mayoría que la presentación de Cyrus fue vulgar y nociva.

Sin embargo, a las pocas semanas, cuando Cyrus sacó su nuevo sencillo y video, "Wrecking Ball", no solo acumuló millones de visitas casi instantáneamente por YouTube, sino que también subió al primer puesto del listado Hot 100 de Billboard. En otras palabras, la prensa negativa al final generó un resultado de ventas e interés positivo.

Admitamos que no es agradable recibir malas críticas. Después de todo, somos humanos y buscamos complacer a los demás, particularmente a través de nuestro arte. Leer malas críticas o comentarios negativos no nos hace sentir bien y, siendo artistas, tendemos a ser más sensibles que la mayoría de las personas. Hay artistas como Gloria Estefan que prefieren sencillamente no leer ni oír lo que se dice de ellos, aunque ahora, las redes sociales hacen que sea más difícil aislarse de los comentarios.

"Antes que existiera Twitter, nunca leía mis críticas", dice Estefan. "Nunca leía artículos sobre mí, porque invariablemente me citaban mal. Y todavía no me gusta verme en televisión".

Hay otros artistas, como Enrique Iglesias, que son capaces de confrontar a quien dice o escribe algo negativo sobre ellos. Quizás la anécdota más conocida de Iglesias en este sentido fue en 2000, cuando Howard Stern —quien en aquella época todavía tenía su programa de radio abierta escuchado por millones de personas todos los días— obtuvo la copia de una grabación clandestina de quien supuestamente era Iglesias en concierto, cantando su éxito "Rhythm Divine" totalmente desafinado, mientras los fans lo que oían era una grabación. Stern tocó la grabación una y otra vez en su programa, cada vez criticando la mala ejecución de Iglesias. Unos días después, Iglesias —que estaba de gira por Europa— llamó personalmente a Stern y le dijo que quería ir a su programa y comprobarle que sí podía cantar. Stern, quien seguramente nunca esperó una reacción así, por supuesto aceptó recibirlo. Iglesias llegó con su guitarrista, cantó "Rhythm Divine" en vivo y también contestó toda suerte de preguntas de Stern —quien quería saber tanto sobre su vida sexual como su voz— por una hora entera. Hizo todo de buena gana, pero también dejó muy claro que no era ningún tonto que iba a permitir que alguien tan conocido como

Stern lo insultara y se saliera con la suya. Al final, quedó como un héroe en todo sentido.

"Mis respetos por haber venido", le dijo Stern a Iglesias al final de la entrevista. "Realmente puedes cantar. La controversia ha terminado".

¿Debemos entonces confrontar a todo quien nos critica? No lo aconsejo. En este caso, Iglesias se sintió injustamente atacado; ni siquiera era claro si esa era su voz en la grabación. Más allá de la veracidad del asunto, Iglesias es un gran "encantador" que sabe manejar bien a las personas.

Si realmente sientes que tienes que rectificar algo, hazlo. Si sencillamente no estás de acuerdo con una opinión, no pelees. Si te importa mucho lo que piensa esa persona en particular, encuentra una manera original de acercarte: invítala a almorzar, a tomar un café, a escucharte tocar en otra situación. Una relación personal positiva es la mejor defensa para las malas críticas.

Pero recuerda que siempre habrá malas críticas y comentarios negativos; son uno de los productos de la fama y no lo puedes evitar. Si te conviertes en estrella, debes calcular que por lo menos el 30% de la gente te va a odiar. No exagero. Esta es una realidad enfatizada más aún por las redes sociales y la web, que permiten que todos seamos críticos, estemos calificados o no.

Y no se trata solo de generar adulación o antipatía. La fama y la prensa son algo que se extiende más allá de la música misma. Vuélvete famoso y la prensa también hablará de tus relaciones personales, tus matrimonios, tu orientación sexual, tu peso. Si no soportas este tipo de atención y escrutinio, realmente estás empezando a caminar por la carrera equivocada. La fama implica pérdida de privacidad y, como artista, debes encontrar un balance entre lo que es público y privado.

Sean buenas o malas las críticas y los comentarios de la prensa especializada, recuerda que hoy en día todo el mundo es crítico y que tarde o temprano aparecerán comentarios negativos en tu Facebook, en tus videos en YouTube o en foros en línea. Si te molestan profundamente, haz como hace Gloria Estefan y no los leas.

Pero sé consciente de que los comentarios negativos son inevitables y son parte de la fama. Entre más te des a conocer, más opiniones despertarás, y esto es algo bueno. Después de todo, lo único peor que la mala prensa es *no* tener prensa.

Los CINCO CONSEJOS...
para manejar la prensa

1. Prepara una buena carpeta de prensa (press kit) física y electrónica.

2. Genera interés y noticia.

3. Contrata un publicista.

4. Trata bien a la prensa.

5. Aprende a manejar las criticas y los comentarios negativos.

CAPÍTULO 7

El publicista

*N*ecesitas una buena carpeta de prensa. Necesitas generar artículos y críticas positivas. Necesitas que te inviten a programas de televisión. Necesitas manejar la mala prensa, si fuera necesario. A estas alturas te debes estar preguntando: ¿necesito un publicista?

La respuesta es: todos lo necesitamos. Pero los publicistas cuestan dinero. Entonces, antes de siquiera pensar en el publicista, volvamos —otra vez— a tu materia prima: la música.

Asegúrate de que tu música sea lo que quieres que sea. Asegúrate de sonar tan bien en vivo como en grabación, pues es muy probable que tus primeros comentarios de prensa vengan de presentaciones en vivo. Asegúrate de tener un repertorio que valga la pena mostrar. Si te sientes completamente listo para compartir tu música, entonces, contrata un publicista.

¿Quién es el publicista adecuado?

Como todo lo demás en esta carrera, el publicista adecuado depende directamente de tus características como artista y de tus necesidades personales. Hay publicistas que se especializan en ciertos tipos de música, en ciertos tipos de artistas o en ciertos tipos de medios. Algunos publicistas trabajan mejor los medios "tradicionales" en español, como lo son las cadenas grandes como Univision o Telemundo y los grandes diarios como *La Opinión* o *El Nuevo Herald*. Otros publicistas se especializan más en medios electrónicos y páginas web. Unos pocos se conocen más por trabajar medios en inglés. Una manera de determinar quién es el publicista ideal es mirando su lista de clientes. Busca un publicista que haya tenido éxito con artistas cuya música es afín a la tuya, pues quiere decir que conoce los medios especializados que trabajan esta música.

Hay publicistas que son como abogados: trabajan con cualquier persona que les pague sus honorarios. Pero hay otros que trabajan solo los proyectos que los entusiasman. Yo me inclino por los segundos, particularmente para un artista nuevo o en desarrollo. Pero no menosprecies el valor de un gran publicista divinamente bien conectado que conozca a todo el mundo.

Sin embargo, la verdad es que los buenos resultados tienden a venir de la mano de un publicista que sea un gran aliado, al cual le entusiasme tu música. Alguien que ama lo que haces podrá venderte mucho mejor que alguien que no entiende tu propuesta musical muy bien.

Cuando hables con posibles publicistas, sé muy explícito sobre tus objetivos. Aunque nadie puede garantizar cobertura, y mucho menos cobertura positiva (cada vez que te presentas en vivo corres el riesgo de que escriban una reseña negativa sobre ti), un buen publicista te podrá decir cuáles logros son factibles y cuáles no. Si eres un artista que toca *rock* alternativo, por ejemplo, es poco probable que un programa como *Despierta América* o *Don Francisco* te invite a presentarte. A la vez, si eres un artista que canta baladas pop tradicionales, es poco probable que canales como mun2 o Tr3s quieran tenerte en pantalla.

Un buen publicista será realista, pero te dará opciones. Se sentará contigo y te explicará cómo generar interés por parte de la prensa y qué esperar y en cuanto tiempo. Pueden pasar meses antes de que alguien escriba de ti si eres un nuevo artista (y por eso aconsejo contratar un publicista sólo cuando estés completamente listo para echarte al agua, a menos que tengas un presupuesto ilimitado).

Si sueñas con un gran artículo en *People en Español*, por ejemplo, un buen publicista te dirá que es difícil al comienzo, a menos que tengas una historia muy fascinante que contar (Jencarlos Canela, por ejemplo, logró mucha atención mediática al comienzo gracias a estelarizar una telenovela de Telemundo). Pero en lugar de ese gran artículo en la revista, quizás logre que escriban una breve reseña de tu canción nueva en la página web peoplenespanol.com que es mucho más flexible y, al ser una página web, renueva su contenido a diario.

Un buen publicista también te dará consejos más allá de la cobertura inmediata. Te dirá a qué eventos debes asistir —desde aperturas de restaurantes y clubes hasta alfombras rojas en premiaciones conocidas— y te conseguirá invitaciones a los mismos. Un buen publicista puede abrirte la puerta a tocar en presentaciones privadas o en conferencias exclusivas. En otras palabras, si un buen publicista no puede lograr llevarte a la prensa, llevará la prensa a ti.

Algunos publicistas trabajan por proyecto, mientras que otros trabajan mes a mes, pero casi todos tienen un mínimo de compromiso, pues su trabajo lleva tiempo. Por eso es muy importante tener claro el porqué de un publicista en un momento dado. ¿Estás lanzando un nuevo sencillo? ¿Un nuevo álbum? ¿Estás saliendo de gira? Es difícil lograr la atención completa de la prensa si no hay algo tuyo sucediendo o por contar. Sé cuidadoso en este aspecto, ya que puedes terminar gastando tu presupuesto publicitario cuando no estás generando noticia.

El costo del publicista varía mucho dependiendo del proyecto, pero casi todos manejan un precio reducido para artistas en desarrollo, particularmente si no hay un respaldo financiero grande detrás. (Ojo:

Si eres un artista en desarrollo con mucho dinero, entonces no escatimes con el presupuesto del publicista. ¡Sé justo!). Es común que un publicista pida un compromiso mínimo de tres meses que contempla un antes, un durante y un después. Por ejemplo, si tienes pautado sacar tu álbum nuevo en abril, deberías empezar a trabajar con tu publicista por lo menos desde marzo, e idealmente desde febrero.

Cuando contrates al publicista, él o ella deberá darte a ti o a tu mánager un plan de trabajo que incluya todos los medios a los cuales se les hará un "*pitch*", o propuesta, para escribir sobre ti y tu música. Cada semana o dos, el publicista debe enviar una actualización que indique cuál ha sido la reacción hasta el momento de cada medio. Esto ayuda a sistematizar el plan de promoción. Si, por ejemplo, la revista *People en Español* dice, "No estamos interesados por el momento", tu publicista debe tomar nota para regresar a ellos cuando haya información nueva para proponer.

Una vez que tengas una serie de oportunidades pautadas, lo ideal es tener un plan de promoción contemplado para fechas específicas. Por lo general, en Estados Unidos, por ejemplo, los programas de televisión nacional se hacen desde Miami y se pautan todos dentro de la misma semana o días para maximizar el tiempo tanto del artista (tú) como del publicista.

Como con todo lo que concierne a esta carrera, ten paciencia. Los grandes artículos no aparecerán la primera semana, ni la segunda ni la tercera. Seguramente en tus comienzos tendrás primero menciones en páginas webs o blogs antes de escalar a diarios, revistas y estaciones de radio y televisión. Tranquilo. Una cosa lleva a la otra. No puedes esperar que tu publicista te consiga todo en un mes. Y entre más cosas hagas tú, más cosas puede generar el publicista.

Más allá de conseguir una entrevista o participación en un programa de televisión, el publicista te acompaña en cada encuentro con los medios desde el principio hasta el fin. El publicista te consigue la entrevista y se asegura de que el medio tenga toda la información y material necesario que necesite para su cobertura. Esto incluye el famoso *press kit*, o carpeta de prensa, del que hablamos en el capítulo anterior. El publicista es también la persona a la cual llaman los medios para obtener datos adicionales o corroborar información. Por lo tanto, es tu responsabilidad mantener a tu publicista bien informado.

Después de pautarte una entrevista, el publicista te acompaña a ella (o, si es telefónica, permanece en línea contigo para asegurar que no se distorsione la información), si debes ir a un set de televisión, se asegura de que tengas lo que necesitas —desde maquillaje hasta comida— y, pasada la entrevista, te envía un enlace o copia de la misma.

Más allá de ese trabajo personalizado y de "tú a tú" entre tú y los medios, el publicista hace todo un trabajo de campo que incluye enviar comunicados de prensa, enviar enlaces a canciones o videos y enviar tu música a todos los medios especializados en su lista. Y el publicista es el contacto para que los medios lleguen a ti y debe atenderlos de manera puntual y eficiente.

Recuerda también que un buen publicista tiene sus limitaciones. En los últimos años, hemos visto que los publicistas cada día toman más responsabilidades; algunos consiguen patrocinios para los artistas, otros consiguen conciertos pagados. Todo esto es maravilloso, pero no es algo que debes esperar de tu publicista, cuyo trabajo básico es manejar todos los asuntos de prensa.

Recuerda que así como tu publicista tiene responsabilidades, tú también las tienes. Hacer trabajo de promoción es duro, largo y toma tiempo y energía. Como artista, debes ser puntual, debes estar dispuesto a hablar con los medios y debes trabajar con ellos para cumplir tanto sus objetivos como los tuyos. Esto significa que a veces tendrás que hacer entrevistas que te incomoden un poco, o participar en eventos o programas que no son del todo de tu gusto. Si algo realmente te molesta, no lo hagas. Pero trabaja con tu publicista para decidir cuáles son las mejores oportunidades para ti y tu música.

Finalmente, ten en cuenta que tu publicista será tu aliado, tu amigo, tu representante ante los medios masivos. Por lo tanto, trátalo con cariño y con respeto, pues su trabajo es esencial para tu carrera.

*L*OS CINCO CONSEJOS...
para trabajar con un publicista
••••••••••••••••••••••••••••

1. Contrata un publicista cuando tengas un motivo u objetivo claro para hacerlo.

2. Busca alguien que se especialice en tu tipo de música.

3. Pide un plan de trabajo.

4. Sé paciente.

5. Establece una buena relación con tu publicista.

CAPÍTULO 8

Las redes sociales e Internet

$\mathcal{E}$n una sesión de una reciente Conferencia Billboard de la Música Latina, Afo Verde, el chairman y CEO de Sony Music Latin America/ Península Ibérica, recordó sus épocas como miembro de una banda de *rock* en Argentina. Eran los años en que los grupos se promocionaban imprimiendo volantes que luego repartían en otros conciertos y pegaban en paredes y postes de luz. Hoy en día, el papel ha sido reemplazado por Internet y las paredes y postes de luz son Facebook y Twitter.

"Internet es nuestra calle", dijo Verde. "Se trabaja igual que antes. Pero el medio es diferente".

Sobra ya decir que Internet y las descargas digitales cambiaron para siempre la distribución y consumo de la música. Eso todos lo tenemos claro. Pero no sobra decir que ciertos sitios, como YouTube, sumados a redes sociales como Facebook, Twitter, Myspace, Tuenti (en España) y más, también han cambiado para siempre la manera en que se promociona la música, efectivamente colocándola en manos de sus creadores de una manera que antes era inconcebible.

Hoy en día, no se puede pensar en una carrera musical si no se contemplan seriamente las redes sociales y herramientas como You-Tube y Reverbnation. Son tan importantes estos vehículos, de hecho, que muchos sellos buscan sus artistas a través de las redes sociales (ver el capítulo 15, "Firmar con un sello discográfico"). Y no para ahí. Muchos programadores de radio también miran primero los números de vistas en sitios como YouTube antes de decidir si programar un tema o no. Muchos periodistas, como yo, también se dirigen a YouTube a la hora de escuchar un artista por primera vez. Y muchos mánagers, productores y sellos disqueros buscan nuevos artistas por Internet.

Ese precisamente fue el caso de Prince Royce cuando fue firmado en 2009 por el productor Sergio George a su sello disquero Top Stop Music, que lo lanzó al estrellato.

"En ese momento existía un sitio web llamado lafragancia.com que estaba dedicado a grupos de bachata de Nueva York", recuerda George. "Básicamente todo el mundo hablaba mal de todo el mundo. Y de pronto este nombre empezó a aparecer por todas partes: Royce, Royce, Royce, y yo dije, 'Quién es este Royce?'. Y fuimos a su página de Myspace y tenía como diez mil niñas que lo seguían. Lo firmé porque tenía muchas seguidoras mujeres y porque era *cool*", agrega George.

El caso de Royce es sólo un ejemplo de por qué tienes que ser realmente estratégico y cuidadoso a la hora de construir las páginas sociales, publicar en Twitter o Facebook y subir videos a YouTube para que los vea literalmente el mundo entero.

*C*ómo utilizar YouTube en tu carrera musical

Empecemos por el medio que más y más a menudo se ha convertido en el primer punto de entrada para un artista: YouTube.

Anteriormente, un artista que quería darse a conocer más allá de su entorno inmediato grababa un tema e intentaba promocionarlo en la radio. Hoy en día, se graba el tema y se coloca en YouTube y ya está. Ni siquiera es necesario producir un video. Una mera fotografía con la letra de la canción superpuesta (lo cual también se conoce como un "*lyric video*") es suficiente para que ese tema salga al mundo entero.

"¿Qué rol tuvo Internet en mi éxito? Todo", dice Pablo Alborán, el artista español de más éxito en la última década, hablando en una entrevista que me dio a ocho meses de la salida de su primer disco, antes de que se lo conociera en Estados Unidos. "Más que Internet, son las personas detrás de cada ordenador".

Oriundo de Málaga, Alborán, a decir verdad, ya tenía un contrato discográfico cuando empezó a utilizar Internet. Pero no fue la disquera la que empujó sus videos. Fue Alborán mismo quien trabajó por más de un año en sus canciones y en el estudio, intentando perfeccionar cada detalle. En un momento dado, en la mitad de ese proceso, instaló una camarita en su estudio y se filmó tocando guitarra y cantando una canción, "Solamente tú". Casi por impulso, la subió a YouTube.

"Yo subí los videos sin ninguna pretensión. Los subía para que la gente viera que es una pasión. Cuando subí los videos a YouTube y la gente comenzó a comentar, ese es el boca a boca. En este caso es una plataforma que le sirve a todo el mundo. Si no gusta, le haces pausa. Hay muchísima libertad en este tipo de promoción en Internet. Y yo creo que en mi caso, las redes sociales me permiten tener un contacto con la gente".

Ahora bien, si uno mira aquel primer video de Alborán y los que siguen, son caseros, son sencillos; no hay nada salvo Alborán en su sofá, tocando y cantando, y claramente no costó ningún dinero hacerlos. Pero el sonido y la canción son excelentes. Y ahí yace parte del secreto.

"Yo subía los videos para que la gente viera que es una pasión, pero en los conciertos estamos cambiando constantemente los formatos. Empezamos acústico hasta que acabamos siendo una banda roquera y muy pop", explica Alborán. De hecho, Alborán llevaba años trabajando antes de grabar una canción. Y llevaba años trabajando antes de soltar algo a Internet.

"Estuvimos un año analizando, otro año metidos en el estudio, y el tercero revisando, revisando, revisando, dando conciertos en público. Desde pequeñito sí me he presentado en muchísimos concursos, en concursos de cantautor con muchísimos grupos, en muchos bares, muchos locales, muchos pubs. Mi guitarra y yo, nada más".

En otras palabras, Alborán no subió cualquier cosa a YouTube. Subió en sus comienzos temas que habían sido trabajados cuidadosamente y que sentía que estaban listos para mostrar al público, así fuera en un formato acústico y desnudo. Esto es importante. Como artista, no puedes controlar lo que suban los fans a Internet. Pero lo que personalmente subas, siempre tiene que ser de la mejor calidad posible, así sea casero, sencillo y personal. No subas por subir. No grabes videos en presentaciones con escaso público, donde se vea en pantalla a alguien charlando animadamente mientras tú tocas tu guitarra y cantas. Por más bien que lo hagas, lo que quedará en nuestras mentes es esa imagen de poca atención. Digo esto porque todos los días me llegan enlaces a videos en YouTube y la mayoría son de presentaciones con mal sonido y poco público No los envíes y no los subas. Si tienes un video casero o *amateur* que de verdad presente una imagen acertada de cómo tocas en público —donde se vea un auditorio completamente "enganchado" con tu música— súbelo. De lo contrario, puedes "crear" esa situación en casa, como hizo Alborán.

O crea un *lyric video*, como mencionamos anteriormente. Graba tu canción, con la mejor calidad posible, y agrega la letra encima de imágenes que pueden ser fotografías tuyas.

Esto fue lo que hizo el dúo colombiano Cali & El Dandee, no una, sino muchas veces, hasta que finalmente su música conectó.

"Grabamos muchas canciones y se empezaron a regar por los colegios, luego por todo Colombia, por puro Internet", dice Mauricio

Rengifo, uno de los dos hermanos que conforman el grupo. "Y vía Internet la que empezó a funcionar muy, muy bien fue 'Yo te esperaré'. La canción se fue a España y en Tuenti, que es la red de ellos, empezó a coger vuelo. Nosotros antes de sacar la canción habíamos hecho una maqueta, y cuando volteamos a ver, tenía ocho millones de *views*".

Ahora bien, seamos realistas. Casos como el de Alborán y Cali & El Dandee —donde las vistas en YouTube van de miles a cientos de miles a millones— no son cuestión de todos los días. Pero sí es cada vez más y más común ver que un artista "desconocido" suma vistas, *likes* y seguidores de manera notable, especialmente si conecta todos los puntos, desde lo cibernético hasta las presentaciones en vivo.

Entonces, una vez que tengas tu video listo, crea tu propio canal de videos que lleve tu nombre o el nombre de tu grupo. Y súbelo. No cuesta nada hacerlo y, de ahí, empiezas a desarrollar tu presencia en línea.

¿Desarrollarla cómo? Conectando todas las redes sociales que llevan tu nombre. Al mismo tiempo que crees tu canal de YouTube, también debes crear tu página de Facebook y abrir tu cuenta de Twitter. Si existen otras páginas especializadas dedicadas a tu estilo de música, utilízalas también. Pero recuerda que Facebook, Twitter y YouTube son las redes sociales más internacionales y reconocidas. Tu presencia en estas tres es obligatoria.

$\mathcal{N}$o te olvides de Facebook y Twitter

En cuanto de Facebook se trata, hay una diferencia entre tu página personal y tu página de fans o "Fan Page". La tecnología que maneja Facebook permite que las páginas de fans sean mucho más versátiles a la hora de compartir contenido y promover. Asegúrate de tener tu página de fans activa y de compartir y conectar todo lo que haces en ella con tu página personal para maximizar tus conexiones. También conecta tus cuentas de manera que todo lo que hagas en YouTube aparezca en tu página de Facebook y viceversa, y que todo lo que haces en tu cuenta de Twitter se comparta en tu página de Facebook y viceversa.

Hay artistas que presumen tener millones y millones de fans. La cantidad no es tan importante como la calidad. Debes buscar fans comprometidos, que te sigan de verdad y que comuniquen a sus amigos todo lo que haces. Estos fans serán tus mejores mensajeros. Atiéndelos. Contéstales sus preguntas. Demuéstrales que lees sus *posts* en tu página. Igual con Twitter, que puede ser un medio de comunicación directo. Si tus fans comentan, contéstales. Eso sí, si la comunicación se torna agresiva, termínala. Está en tus manos controlar qué recibes y qué no recibes, qué contestas y qué no contestas. No desaproveches este privilegio que antes no existía.

Además, las redes sociales conllevan otra grandísima ventaja: no cuestan nada. No cuesta nada subir los videos, no cuesta nada compartir fotos e información, y no cuesta mantener una página.

Ahora, es bien sabido que existe cualquier cantidad de trucos para aumentar el número de vistas a un video en YouTube o el número de *likes* en Facebook y seguidores en Twitter. Es costoso, aunque tentador, recurrir a estas tácticas. Después de todo, se ve mucho más emocionante tener 50.000 seguidores a tener 5.000. Pero, a la larga, artificialmente inflar el impacto social no es una buena táctica. Tú lo que quieres es hacer crecer orgánicamente tus seguidores, de manera que la gente que te visite y te siga realmente sean tus fans. ¿De qué te sirve tener un millón de seguidores en Twitter que realmente no te siguen y a quienes no les importa lo que haces? A la hora de la verdad, te encontrarás con promociones que no funcionan porque tus fans no están donde los quieres tener.

Tener una página web es esencial

Lo que sí generalmente lleva un costo y en lo que sí recomiendo hacer una inversión monetaria es en tu página web como artista. Si eres una de esas personas que tiene muchos amigos, entre ellos un diseñador gráfico o un experto en páginas web, pídeles que te ayuden a crear una página atractiva y con mucha funcionalidad que te permita activamente promoverte a ti y tu música. ¿Por qué una página web oficial si ya tienes tu página de Facebook? Porque la puedes organizar a tu antojo, y además puedes vender tu música y tu mercancía directamente desde ella, algo que ni Facebook ni Twitter te permiten hacer.

Finalmente, tu propia página web también envía un mensaje contundente: eres un artista que está aquí para quedarse. Además, a medida que progresas como artista, la página web te permite expandir tu negocio. En tu página puedes vender boletos para conciertos, puedes correr promociones (cosa que se vuelve más complicada en Facebook, por ejemplo, donde tienes que utilizar aplicaciones de terceros) y puedes hacer ofertas exclusivas para tus fans.

Hace poco, tanto Daddy Yankee como Don Omar me desglosaron las ventajas de la página web. Por su lado, para Yankee, Internet se ha convertido no solo en la principal avenida de promoción de su música (como lo debe ser para ti en estos momentos), sino también el lugar donde se descubren nuevos talentos urbanos.

"La nueva calle de nosotros se llama Internet, donde todo el mundo va a buscar la música", dice Yankee. "Hay una información concreta de lo que está pasando en nuestro género ahora. Nuestro género ya no depende de la radio, depende de un buen video y de poner música en Internet, y el artista corre solo. Y así mismo la gente la toca en la radio y, si les gusta o no les gusta, lo deciden ellos. Y es mucho mas económico y el poder de la música va directamente al artista".

Claro está que Daddy Yankee tiene todo un equipo de personas dedicado a Internet y a velar por su página, y puede darse el lujo de renovarla cuantas veces quiera y de hacer incontables campañas de promoción. Pero aun a pequeña escala, el mensaje no cambia: Internet y sus herramientas son indispensables para el artista.

"Tienes que ver este monstruo que sigue creciendo con más gente y más gente encadenada que es la red. Y todas las subculturas urbanas" dice Yankee. "Cuando te digo que sacas una canción y tienes 1,5 millones de *downloads* de un tema, lo estás regalando, sí, pero la gente lo está escuchando. Y representa negocio en términos de *shows* y de actividades. Estás sacrificando tu autoría, pero no estás pagando por ese mercadeo".

Cuando Yankee habla de 1,5 millones de *downloads* de un tema, no exagera. Este es el movimiento que genera un artista como él a nivel mundial. Pero, más allá de la promoción y de los números, Yankee usa su página web como un laboratorio. "Tira la canción", como dice él, y observa la reacción. Hay temas que generan mucho interés y hay temas que no generan nada.

Aunque tú no generes millones de descargas, sí puedes medir el interés de tus fans por un tema u otro. Dentro de lo posible, sé objetivo y metódico con tus andanzas en Internet. Ensaya distintas cosas y mira qué funciona y qué no. Alborán habló anteriormente de cómo ensayaba sus canciones ante el público en vivo antes de subirlas a Internet. Así no tengas un escenario en vivo, tú puedes ensayar tus canciones, tus fotos, incluso tus comentarios, frente a un auditorio en línea y medir su reacción. Si algo funciona particularmente mal, desactívalo o bájalo. Si algo funciona bien, promuévelo y aplícalo. Utiliza el *feedback* de tus fans para refinar tu imagen y tu mensaje. Internet, bien utilizado, es una herramienta poderosa que puede agilizar tus caminos.

Don Omar, por ejemplo, ha creado distintos sitios web para sus distintas necesidades. Además de su página "oficial", maneja una página particularmente interactiva dedicada a su mercancía, noticias tanto suyas como de sus grupos y promociones especiales. Es una página rica en contenido y renovada constantemente.

"En Internet, he encontrado un mundo donde puedo hacer todo lo que se me ocurre", dice Don Omar. "Los proyectos salen de mi cabeza y tengo un equipo excelente que los hace funcionar".

Aunque no pretendemos que un artista en desarrollo tenga los recursos necesarios para mantener una página tan compleja, sí hay muchos elementos que se pueden incorporar, incluyendo enlaces precisos a videos en YouTube y a compra de discos y sencillos. Encuentra alguien que sea experto en páginas web y ofrece un intercambio de servicios. Negocia precios. Aprende tú mismo a manejar y manipular tu página. No es tan difícil ni tan complicado como piensas y, al final, los beneficios son múltiples.

Finalmente, no te desanimes si no ves resultados inmediatos con tu uso de Internet y las redes sociales. "Enganchar" a tus fans en línea toma tiempo, paciencia y contenido. Entre más lo hagas, más crecerá todo. ¿A qué velocidad? No podemos decirlo con certeza. Lo que sí te garantizo es que si no empiezas a generar tu presencia en línea, el trabajo no se hará solo.

"Las redes sociales han cambiado el mundo en el que vivimos", me dijo Shakira en 2011. "Desde política a filantropía y desde la música a los movimientos, podemos hacer del mundo un lugar mejor gracias a las redes sociales y, mejor aún, lo podemos hacer instantáneamente. Como artista, música y amiga, las redes sociales me mantienen conectada a todo el mundo. Porque, no es solamente conectarme a mis fans y ellos a mí, también es cuestión de que ellos se conecten entre ellos. Crear lazos, lazos globales, comunidades. Es un vehículo que nos da la habilidad de relacionarnos todos, no importa dónde estamos en el mundo, de dónde venimos o qué hacemos. […] Uno de los más sencillos y primitivos deseos de la naturaleza humana es estar conectado con otras personas, y aquí lo tenemos en una enorme escala global. Es increíble. Las redes sociales han hecho el mundo más pequeño, más humano y más honesto. ¿No tenemos suerte de ser parte de la generación que está a la vanguardia de todo esto? Estoy ansiosa por ver dónde y cómo llevamos esto al siguiente nivel".

LOS CINCO CONSEJOS...
para aprovechar las redes sociales e Internet:

1. Crea tu propio canal de YouTube.

2. Crea contenido visual y musical contundente. No subas material por subirlo.

3. Abre tus cuentas de Twitter, Instagram, Myspace y más; crea una página en Facebook para fans y conecta todas tus cuentas.

4. Experimenta con tu contenido. Encuentra qué funciona mejor.

5. Si puedes, invierte en tu propia página web.

CAPÍTULO 9

El mánager

$\mathcal{T}$u carrera musical va en ascenso. Ya tienes compromisos profesionales, has tenido varias entrevistas en los medios y tus redes sociales requieren atención constante. Hay días que ni tienes tiempo para pensar en la música.

Entonces, quizás es el momento de buscar un buen mánager. El manejador, o mánager, es la persona encargada de dirigir la carrera de un artista y de representarlo en el ámbito profesional. El rango de actividades de un mánager puede variar dramáticamente dependiendo de las circunstancias, de la importancia del artista y de lo complejo de su manejo. Hay mánagers que se encargan de todos los aspectos de la carrera de un artista, desde las finanzas y negocios hasta la selección de música, vestimenta y horarios.

Cuánta responsabilidad le da un artista a su mánager es una decisión enteramente personal. Sin embargo, por lo general, el mánager es la persona que negocia contratos a nombre del artista, busca oportunidades y, sobre todo, vela por el bienestar de su artista.

¿Qué constituye un buen manager? Le planteamos la pregunta a Rosa Lagarrigue, mánager de Alejandro Sanz desde sus comienzos, y quien a través de su compañía RLM también maneja a Miguel Bosé, Malú, Ana Torroja y Raphael, entre otros.

"Un buen mánager es el que tiene la visión global de la carrera del artista e impulsa su talento de forma personalizada, ayudándolo a la toma de decisiones con vistas a desarrollar su carrera de forma sólida y a rentabilizarla", dice. "Mi consejo a un artista nuevo es que se busque un mánager profesional, pensando siempre en el medio y largo plazo. Es fundamental que sea alguien en quien confíe y ojalá que no prometa milagros, esto es mucho más difícil".

Desafortunadamente, en el entorno de la música latina hay muy pocas empresas de manejo profesional, a diferencia del mundo de la música en inglés, donde muchísimos artistas trabajan con compañías profesionales de manejo que les asignan directamente un mánager personal mientras que la cabeza de compañía supervisa los trámites de negocio. Sin embargo, todo artista —latino o no— tuvo que buscar un primer mánager para administrar su carrera.

Lo más importante en esos comienzos es buscar una persona que tenga fe en el artista y su música y que sea honesta.

¿Qué busca un mánager en su artista?

"La palabra 'artista' para mí tiene mucho significado", dice Ángelo Medina, el mánager de artistas como Maná, Ednita Nazario y Robi Draco Rosa. "Pero yo lo resumo cuando veo a alguien, cuando veo su aura. Lo ideal es que sea un gran compositor, que sea particular y que tenga una personalidad auténtica y que proyecte bien. Para mí los factores esenciales si hablo de la música son dos: si es creador de música o si en su voz tiene una particularidad".

Un artista en desarrollo no genera mucho dinero, por lo tanto, ese primer mánager debe estar dispuesto a trabajar por poco o nada, haciendo, de alguna manera, una inversión a futuro. Pues aunque cada negocio y acuerdo es distinto, el mánager por lo general no cobra honorarios más allá de sus gastos; cobra un porcentaje —usualmente un 15 o 20% del dinero que le entre al artista.

Por eso, muchísimos mánagers —especialmente al comienzo de las carreras— son familiares o amigos. En muchas ocasiones estas relaciones perduran, aun cuando el artista alcanza la fama y puede conseguirse aquel mánager "profesional".

Por muchísimos años, por ejemplo, Emilio Estefan manejó la carrera de su esposa Gloria, y hoy, a pesar de no ser el mánager "oficial" (ese rol le corresponde a Frank Amadeo, el presidente de Estefan Enterprises por largo tiempo) es parte de todo su desarrollo. Este es lejos de ser el único caso de un manejador cercano. Tito "El Bambino" es manejado por su hermana, Ida Nevarez; Daddy Yankee maneja su propia carrera, pero la persona que negocia muchos de sus contratos es su esposa; Vicente Fernández es manejado por su hijo Gerardo; Marc Anthony es manejado por su hermano Bigram Zayas.

"Yo he trabajado con muchos productores de eventos. Y muchas personas que siempre están al lado de nosotros", dice Tito "El Bambino". "Pero yo creo que nadie me va a cuidar más que mi sangre. Y de verdad que es la persona que ha estado conmigo desde cero, y tiene que estar conmigo cuando hay abundancia. Aquí hay un compromiso más allá de negocio y de dinero, y es un compromiso de hermandad. A veces, en casos de otros artistas, lo que los familiares han hecho es lastimar al artista pero en mi caso ha sido una bendición contar con el *backing* de mi hermana".

Con lo que quiere decir que no tiene nada de malo que un familiar o amigo haga las veces de mánager, siempre y cuando esté dispuesto a hacer el trabajo.

¿Y en qué consiste el trabajo de un mánager?

Un buen manager orienta a su artista. Le da opiniones honestas y fundamentadas sobre su música, su presencia escénica, la manera en que se comporta en entrevistas y la manera en que se viste en el escenario y ante los medios, entre muchas otras cosas. El mánager busca presentaciones pagadas para su artista y también busca oportunidades para presentarlo ante el público y la industria. Es también el mánager el principal encargado de buscar y negociar un contrato disquero o un contrato de distribución, si eso es lo que el artista busca.

Esta es la etapa en la cual muchos músicos buscan ayuda profesional, ya sea de un abogado que se especialice en música, o de un mánager con experiencia. Lo más importante en estos momentos de transición es que *el artista se sienta cómodo con la persona que tiene a su lado*.

"No es una situación científica", dice Ángelo Medina. "No necesariamente porque sea un artista importante va a funcionar. Tiene que haber una compatibilidad y tener un propósito. Es esta situación de confianza que te da una persona cuando habla".

Y si esa persona está dando buen resultado, a pesar de no ser un mánager "profesional", ¿por qué cambiar? En el fondo, agrega Medina, "siempre tienes que buscar alguien. No solo un mánager sino alguien que te ayude".

En lugar de cortar lazos con una persona de confianza y dispuesta a ayudar, a veces lo más aconsejable es continuar con ese mánager, pero sumar al equipo a una persona con experiencia, como un abogado o un administrador o "*business manager*", que se encargue netamente de los asuntos financieros.

Este ha sido, por ejemplo, el caso del cantante y actor Jencarlos Canela, cuyo mánager, desde el comienzo, ha sido su padre, Heriberto

Canela. Aunque Heriberto no era un experto en el negocio de la música, sí era un hombre de negocios y además, creía firmemente en el talento de su hijo. Hoy en día, todas las cuestiones importantes de Jencarlos las sigue manejando él.

¿Qué debes esperar de un buen mánager?

Que te represente en las buenas y en las malas. La función de mánager fue creada para que el artista se pueda dedicar a lo que hace mejor: su música. El mánager es el que se encarga de todo lo demás. Por ejemplo, si te ofrecen tocar un concierto en otra ciudad, deja que tu mánager negocie los términos del contrato incluyendo el precio, requerimientos técnicos y costos adicionales como pasaje, hotel y viáticos. Si al llegar a tocar el concierto encuentras que las condiciones no son las prometidas —que el sonido no funciona bien o que el cuarto de hotel no está cómodo ni limpio— deja que tu mánager arregle la situación. El artista jamás debe comportarse de manera combativa con las personas que lo rodean; su misión es hacer la mejor música posible. Cualquier conflicto lo debe resolver tu mánager.

Más allá de contratos y negociaciones, el mánager de hoy debe ser más proactivo que nunca, a menudo cumpliendo funciones que antes le correspondían al sello. Un buen mánager genera patrocinios y nuevos negocios, busca oportunidades ante los medios y coordina colaboraciones. El buen mánager sabe abrir puertas y mantenerlas abiertas. Y también sabe reconocer y cerrar las oportunidades que se le presentan a su artista.

Pero aun el que parece ser el mejor mánager del mundo no tiene su futuro asegurado. La relación artista-manager es como un matrimonio: hay momentos difíciles y momentos de luna de miel, y mientras que algunas relaciones perduran a lo largo del tiempo, otras se desgastan y finalmente se rompen. Es importante que, como artista, sepas que los mánagers no son siempre para todo la vida y que no hay nada de malo en romper una relación y empezar otra.

¿Cómo cambiar de mánager?

Si el artista siente que su mánager ya no puede hacer más por su carrera, o se siente incómodo por cualquier motivo, entonces debe buscar un cambio. Va a ser difícil hacerlo; romper con un mánager es casi o más complicado que un divorcio. Pero si tú como artista sientes que es hora de seguir por caminos separados, hay que hacerlo. No es una situación que sea aconsejable alargar.

Ahora, imagina la situación por un instante: tú eres un artista que ha trabajado duro, tocando en pequeños antros, grabando con dinero prestado y, finalmente, logras que una disquera te ofrezca un contrato lucrativo o que un productor se interese en tu trabajo. La posibilidad de ganar mucho dinero está en el horizonte, pero sientes que el mánager que te ha acompañado en esta travesía no es el adecuado. O piensas que esta persona te ha perjudicado más que ayudado. O tu nuevo sello insiste en que contrates a un mánager "profesional". Imagina por un instante lo que va a sentir ese manejador que ha estado a tu lado en tus difíciles comienzos y que ahora vas a despedir. Estará resentido y triste.

Para evitar problemas (aunque los roces y sentimientos encontrados serán casi inevitables) ten un contrato escrito con tu mánager donde se estipulen obligaciones y términos y donde quede claro quién queda con qué en caso de que decidan separarse. Mejor tener contratos a corto plazo, de un año, especialmente al comienzo. No amarres tu carrera a largo plazo con nadie. No terminarán bien las cosas. Y ante todo, sé justo y agradecido; quizás esta persona ya no tenga el conocimiento necesario para ser tu mánager, pero puede cumplir otra función en tu carrera, como la de mánager personal, a cargo de tu día a día. O quizás esa persona ya no tiene un lugar en tu carrera, de ningún tipo. Sea cual sea el caso, tener un contrato escrito te protege a ti, pero también protege a tu mánager. Porque juntos, cuando todavía eran "parejita", llegaron a un acuerdo que era satisfactorio para los dos. Cuando no hay un contrato de por medio, ahí es cuando empiezan los problemas. Y, nadie está inmune.

En la historia de la música, hay docenas y docenas de anécdotas de relaciones entre mánagers y artistas que han terminado mal; tan mal, que terminan con demandas y juicios de una parte u otra alegando que, o se les ha robado, o no se les ha pagado o un sinnúmero de cosas más.

A mí a menudo me llegan historias de famosas relaciones entre mánagers y artistas formuladas sobre un apretón de manos y nada más. Todas estas historias pretenden subrayar la integridad del artista y del mánager; son tan honestos ambos, que no necesitan más que ese apretón de manos para sellar su acuerdo y acordar que el dinero y las obligaciones se repartirán debidamente. Es cierto que hay casos así, y los aplaudo. Pero no recomiendo la práctica.

Lo importante aquí es que toda situación que implique una transacción de negocios debe ir acompañada de un contrato o acuerdo de algún tipo, no importa quién sea la persona involucrada —tu primo, tu amigo, tu hermano o aun tu mamá. Este documento debe precisar quién se lleva qué. ¿Al mánager se le pagará un salario o un porcentaje? ¿Qué porcentaje es? Y, ¿es un porcentaje sólo por lo que genere el mánager o por todo lo que genere el artista? ¿El porcentaje es sobre ganancias brutas o netas?

Ya me los imagino pensando que todo esto es una ridiculez. Después de todo, pensarás, "Si mi mamá es mi mánager, ¿qué necesidad hay de contratos? La amo y confío en ella plenamente".

Si la amas, le darás un contrato. Y si ella te ama a ti, insistirá en tenerlo. Recuerden que la historia del entretenimiento está repleta de demandas de padres contra hijos e hijos contra padres. Recuerda que si tú estás invirtiendo esfuerzo y dinero en la carrera de un ser querido, es porque tienes fe en su éxito. Pero, el trabajo desinteresado termina cuando el éxito comienza.

Entonces, pide a tu abogado que te formule un acuerdo de *management* donde se articule cómo se regirán tus negocios mientras trabajes con esta persona. Y, ojo. Asegúrate de que tu abogado no sea el abogado de tu mánager.

El papel del artista en esta relación

Finalmente, no importa qué tan bueno sea un mánager, el artista también tiene obligaciones.

Si quieres que tu mánager dé resultados, entonces debes estar dispuesto a seguir sus consejos (o por lo menos algunos). No quiere decir que nunca estés en desacuerdo. Hay mil instancias en las que tu mánager va a querer hacer algo que a ti no te parece ni útil, ni razonable ni divertido, a decir la verdad. Pero el mánager no puede hacer su trabajo si tú siempre lo peleas o rehúsas hacer el tuyo. Si tienes a una persona a tu lado, trata de trabajar como un equipo, no como si estuvieras siempre en contra. El trabajo constante es lo que deviene en resultados, luego debes tener paciencia. "Es la virtud más importante que puede tener un artista", dice Ángelo Medina. Las cosas raramente pasan de un día para otro y, como dice Lagarrigue, los milagros son escasos.

Finalmente, no importa qué tan bueno sea tu manager, el deber del artista —además de hacer su música— es estar enterado de todos los aspectos del negocio, así no los maneje. Tienes que entender qué firmas, qué pagas, a qué te comprometes. Hoy, más que nunca, aquellas épocas del mánager que pensaba por el artista han terminado. Hoy se trabaja en equipo.

La cantante Natalia Jiménez, quien por muchos años fue vocalista de La Quinta Estación antes de lanzarse como solista en 2011, dice que uno de sus errores de juventud fue no conocer bien su negocio. Durante una entrevista que le hice en la Conferencia Billboard a la Música Latina, le pregunté qué consejo le daría a un nuevo artista.

"Recomiendo a todo el mundo que lean los contratos que firman", dijo sin titubeos. "Es vital tener un buen equipo de abogados a tu lado que lean y expliquen todo lo que haces. ¿Cómo te estás beneficiando al firmar este contrato? Negocia hasta que quedes contento. No te emociones y firmes porque piensas que es lo mejor que te ha pasado".

"Muchos artistas no están pensando en el largo plazo", agregó. "No están pensando en el porcentaje que les debe dar la disquera, no cuestionan el porcentaje que toma su compañía de manejo, no saben cuánto ganan en sus conciertos o cuánto cuestan sus entradas. Es muy importante conocer el negocio".

"Creo que los artistas que han tenido una carrera larga son artistas que se han sabido manejar ellos mismos, en cierta forma", dice Enrique Iglesias. "Obviamente, necesitas alguien para que no te tengas que concentrar en las cosas diarias, pero tú tienes que estar encima de todo. Los grandes artistas también son grandes personas de negocios. Yo soy un poquito obsesivo-compulsivo entonces a veces me vuelvo un poco loco. Mandaré *e-mails* a todo el mundo —cómo está la canción, cómo nos va, qué tal el especial—, envío un montón de mensajes todo el día".

No todos los artistas son tan "obsesivos" como Iglesias, quien tiene reputación de vigilar todo aspecto de su carrera. Pero la historia de la música está repleta de artistas que lo perdieron todo, no solo aquellos que lo hicieron por ser jóvenes e inexpertos, sino también aquellos que lo hicieron porque no atendieron su negocio.

Recuerden que la música no es solo arte, sino también, como lo dijo Pitbull, es un negocio. Rodéate bien, pero siempre, siempre cuida lo que tienes.

LOS CINCO CONSEJOS...
para conseguir un buen mánager
• •

1. Pide recomendaciones. Si tienes una disquera, empieza con ellos.

2. Busca una persona de confianza, tenga o no experiencia en la industria musical.

3. Establece tus necesidades y hazlas cumplir.

4. Firma un contrato a corto plazo delineando obligaciones para evitar malentendidos.

5. Mantén control sobre tu negocio y finanzas.

CAPÍTULO 10

Yo sólo quiero sonar en la radio

¿*Q*uién escucha radio hoy en día? La pregunta surge cada vez más a menudo a medida que los artistas utilizan distintos medios de comunicación —desde Internet hasta la publicidad— para promocionar su música, y a medida que surgen alternativas a la radio comercial como Spotify o Pandora.

Pero, lo quieras o no, la radio sigue siendo, lejos, el principal vehículo para descubrir música nueva.

De hecho, en su reporte Music 360, la empresa de sondeo Nielsen encontró que pese a la proliferación de nuevos medios y tecnologías, la mayoría de las personas —el 48%— dice descubrir música nueva a través de la radio convencional. Sorpresivamente, sólo el 7% dice descubrir música nueva en YouTube, el canal de videos; aunque una vez descubierta, el 64% escucha la música por YouTube en lugar de en la radio.

De igual forma, el solo hecho de que la radio siga siendo el punto de partida más importante para la música nueva la convierte en pieza de promoción fundamental. Entonces, ¿cómo se logra que una canción se toque en la radio?

Hace muchos años era mucho más fácil. El mismo artista llevaba su disco a la radio, se lo entregaba al disc jockey, o DJ, y si a este le agradaba el tema, lo tocaba. Y si esa canción conectaba, podía convertirse en un *hit*, incluso a partir de una sola estación.

Hoy en día la historia es otra. Para entrar con fuerza en las listas radiales, se debe hacer un trabajo arduo de promoción por parte de la disquera o de un promotor independiente. Pero antes de llegar a ese paso, hay que concentrarse en lo esencial: la canción.

La canción que es éxito en la radio no es necesariamente la canción preferida del artista. Muchas veces ni siquiera es la mejor canción de un álbum. Pero sí es la canción que mejor se adapta a los formatos de la radio donde se toca. En los años setenta, ochenta e incluso los noventa, la radio era más flexible. Por eso hay grandes canciones en inglés y en español —como "Pedro Navaja" de Ruben Blades o "Stairway to Heaven" de Led Zeppelin— que se convirtieron en grandes *hits*, a pesar de sus largos solos instrumentales y de sus más de cinco o aun seis minutos de duración.

Hoy, el radioescucha tiene menos paciencia y los *ratings* de sintonía se miden a través del sistema PPM (Portable People Meter), el cual marca el instante en el que un oyente cambia de sintonía. Por lo tanto, la canción debe capturar el oído casi instantáneamente. Esto va más allá de la radio. Los ejecutivos de música raramente escuchan un demo por más de un minuto, o incluso de treinta segundos. Si la música no es contundente en ese espacio, se pierde la oportunidad.

Los consejos que daré a continuación están orientados hacia facilitar el éxito en la radio. Sin embargo, recuerden que en el mundo de la música no hay absolutos. Hay canciones que rompen todas las reglas y se convierten en éxitos radiales. Hay canciones que se convierten en himnos por azares del destino; porque son el tema de una telenovela, por ejemplo, o en el caso de "Ai se eu te pego" de Michel Teló, porque fue "adoptada" por un equipo de futbol. Es difícil que una canción se convierta en éxito, pero siempre hay dos ingredientes que entran en juego: la calidad de la canción y su promoción.

"Cuando era muy joven, siempre estaba tratando de decir muchas cosas en mis canciones. Y mis amigos me preguntaban, 'Pero, ¿cuál es el gancho?'", recuerda Romeo Santos. "Y yo decía, 'No lo tiene, pero es profunda'. Ya, cuando empezamos a trabajar con productores, me decían, '¿Dónde está el gancho? Tienes que tener algo que la gente quiera escuchar al menos dos veces'. Y entendí que las canciones tienen que ser comerciales y que en la industria hay que darle a la gente lo que quiere".

Obviamente, hay excepciones. Pero, por lo general, el buen tema radial tiene un "*hook*", un gancho que agarra de inmediato al oyente (por ejemplo, el *riff* de acordeón de "Danza Kuduro" de Don Omar), un coro memorable que surge rápidamente (es decir, antes del primer minuto de la canción) y una lírica sencilla pero elocuente, preferible-mente con un mensaje claro o una historia recordable con la que el oyente se pueda identificar. Un artista nuevo también puede benefi-ciarse de cantar un *cover,* es decir, una nueva versión de un tema que ya ha sido éxito en el pasado, como fue el caso de Prince Royce con su versión bilingüe de "Stand By Me".

Y por supuesto, tiene que ser la canción correcta para la voz y el artista correctos. Los artistas que logran tener *hits* en la radio saben que hay ocasiones donde deben colocar sus egos a un lado y buscar canciones de otros, aun cuando ellos mismos sean compositores.

Un ejemplo de una gran canción emparejada con el intérprete co-rrecto es "A puro dolor", el tema escrito por el panameño Omar Al-fanno y grabado en 1999 por el cuarteto vocal Son By Four, que se convirtió en la canción con más semanas en la lista Hot Latin Songs de Billboard.

"Yo le doy gracias a Dios que me regaló una canción como 'A puro dolor', que es el sueño de cualquier compositor del mundo", dice Al-fanno. "Es una canción que le llegó a la gente por la letra tan sencilla. Yo la hice en Puerto Rico en una madrugada en cinco minutos, de arriba a abajo. Es una canción romántica, que habla de ese amor a la distancia. Nosotros necesitamos llamar para escuchar su voz, está este tipo al otro lado, la respiración la estoy escuchando. Y sin Ángel López [la voz principal de Son By Four] y Son By Four, la canción no hubiera tenido ningún sentido. Las canciones nacen para ciertos cantantes".

Una vez que se determinan la canción y el cantante, el siguiente paso es "vestirla" para la radio, un medio que tiene requerimientos específicos. (Es por esta razón que muchos álbumes contienen distintas versiones de la misma canción, incluyendo la versión de radio, o el *radio edit*, como se le dice en inglés). Esto es trabajo del productor, que debe asegurarse de que el tema seleccionado como sencillo de radio se adapte lo mejor posible al medio y sus oyentes.

Sergio George, por ejemplo, es el productor que ha tenido más números uno en la lista de Hot Latin Songs de Billboard. Pero no es casualidad ni suerte. George, quien empezó su carrera como tecladista de jazz en la orquesta de Tito Puente, dice que después de trabajar con una orquesta de música tropical en Colombia en los años noventa, hizo un esfuerzo muy consciente por desarrollar un sonido radial.

"Todo lo que yo hacía tenía que ver con jazz", recuerda. "Y cuando llegué a Colombia, no había jazz. Entonces iba a las discotecas con mis amigos, y lo que tocaban era cumbia y esta música raspa. Me tocó aprender a bailarla, y era música muy sencilla, compuesta de dos acordes y me parecía horrible. Cuando me fui de Colombia y volví a Estados Unidos, me llamó Tito Nieves y me pidió que le hiciera unos arreglos. Y pensé: 'Qué funcionaría con esas parejas de los clubes de Medellín?'. Es muy curioso. En esas discotecas, si a la gente no le gusta tu canción, no aplauden. Se quedan sentados. Y luego tocan una canción que les gusta y todos se paran a bailar. Entonces, cuando escribí el primer arreglo, lo que pasó por mi mente fue: '¿Qué puedo hacer para que las personas se paren a bailar con mi canción?'. En ese momento, empecé a hacer arreglos más sencillos".

Uno de los *hits* de George es, precisamente, "Mi primer millón", el tema que compuso con Jorge Villamizar y que fue el primer gran éxito de Villamizar y su grupo Bacilos. Quizás fue un éxito porque en cuestión de concepto y ejecución, "Mi primer millón" incorporó muchos de los elementos básicos de un éxito: una canción sencilla con una letra con la cual muchos se pueden relacionar, un buen productor, un buen arreglista y una voz distintiva.

"El coro es de Sergio George", explica Villamizar. "Él me dijo, 'Vamos a escribir una canción que sea la realidad. ¿Qué es la realidad? Que quieres pegar en la radio'. Y yo decía, 'No, ¿cómo así?'. Me parecía muy obvio, pero fue desarrollándose y quedó muy divertida, muy fresca".

"Mi primer millón" funcionó en parte porque era un tema pop con ritmo bailable, y en parte porque la letra era irresistible. "Yo sólo quiero pegar en la radio, para ganar mi primer millón". Era lo que todos pensaban y nadie nunca se había atrevido a articular. Fue el gran éxito de Bacilos en todo el mundo.

La canción tiene aun más mérito si consideramos que Villamizar no solo era el compositor principal de Bacilos, sino que había empezado su carrera como compositor de oficio. Trabajar con alguien más y ceder en el lado creativo en busca de ese *hit* radial fue un compromiso que exigió fe de su parte, pero que al final dio grandes dividendos. Es un ejemplo de cómo se puede crear un *hit* dejando a un lado el ego.

Aunque hay muchos compositores de oficio como Alfanno y Jorge Luis Piloto (aunque Alfanno también ha grabado como solista), hay también muchos artistas que son cantautores —como Alejandro Sanz, Ricardo Arjona, Juan Luis Guerra, Juan Gabriel o Villamizar— que componen y cantan su propia música.

Muchos de estos cantautores han encontrado un balance entre la parte artística e inspirada de componer una canción, y la parte comercial que hace que un tema se pueda convertir en éxito.

Marco Antonio Solís, por ejemplo, quien ha escrito algunos de los más grandes éxitos de la música latina, admite que sus temas se prestan para distintos formatos radiales, algo que ha ayudado a que suenen en muchas más estaciones de radio.

"Lo importante es que los temas tengan esa exposición que necesitan y que los formatos a veces nos impiden", dice Solís. "Hace muchos años, allá en la Ciudad de México, cuando estaba con Los Bukis, hacíamos dos cortes: uno para las estaciones tropicales —por eso empecé a tocar cumbias— y uno para las estaciones de baladas. Salíamos con dos sencillos".

Hoy en día, lo común es tomar el mismo sencillo y hacer varias remezclas —o *remixes*— para adecuarlo a muchos formatos. De esta manera, una balada de Alejandro Sanz, por ejemplo, suena en su versión original en estaciones de música pop, y en versión de bachata en estaciones de música tropical. Muchas veces, es esa remezcla la que resulta más popular y ayuda a llevar el tema al puesto número uno, como sucedió en 2011 con la canción "Ai se eu te pego" del brasilero Michel Teló, que escaló los listados de Billboard gracias a un *remix* hecho por Pitbull.

*T*ú éxito es mi éxito

Además de beneficiarse del *remix* de Pitbull, el tema de Teló ya había sido un éxito en otros países, y esto le dio credibilidad ante los programadores de radio de Estados Unidos. Asimismo, un tema que es éxito en Estados Unidos primero —como lo fue "Promise" de Romeo Santos o "Stand By Me" de Prince Royce— encuentra menos resistencia al tratar de entrar a la radio en América Latina. Este es un punto muy importante para tener en cuenta. Lograr un éxito radial en Estados Unidos es, por lo general, más difícil por lo grande del mercado y por la variedad de estaciones de radio en español. A menudo, es más fácil lograr un éxito local primero. Por ejemplo, un artista como Carlos

Vives o Fonseca sin duda tendrán un gran éxito radial en su Colombia natal antes de lograrlo en el extranjero. Pero una vez que se logra el primer gran *hit* en un solo país —sea cual sea—entonces es más fácil que ese éxito "viaje" a otros lugares, pues ya se ha comprobado que hay una audiencia dispuesta a escuchar.

Sea cual sea el país, la región o incluso la ciudad donde triunfe una canción en la radio, pueden estar seguros de que se ha hecho un trabajo de promoción. Por lo tanto, si piensas que tienes un *hit* radial en tus manos, un tema con un arreglo contemporáneo, interpretado por una voz singular que va a conmover al oyente, invierte en un buen promotor de radio que se asegure de que ese tema llegue a todas las estaciones y programadores que sean necesarios.

Uno de los poquísimos artistas que entró a la radio inicialmente por sí solo es Pitbull, aquel promotor incansable que literalmente todas las semanas llevaba canciones a los DJs de las estaciones locales.

"Mucha gente dice que yo fui el que 'rompí' a Pitbull, pero el hecho es que Pitbull fue el responsable del éxito de Pitbull", dice DJ Laz. "Él me trajo un tema, y yo pensé, 'Este muchacho es bueno'. Y después me traía canciones, y me traía canciones, hasta que me trajo una llamada 'Oye'. E inmediatamente la gente se enganchó".

En ese momento, el proceso apenas empieza. Para lograr que un tema escale la lista de posiciones radiales, necesita sonar en muchas estaciones simultáneamente. Con grandes artistas establecidos como Maná, Shakira o Carlos Vives, es posible llegar al número uno en una semana o pocas más. Pero con un artista nuevo que no tiene un historial de éxitos radiales, el buen promotor escoge bien sus estaciones iniciales, pacientemente convenciendo al programador de que tiene un éxito en las manos. Si suficientes estaciones empiezan a tocar un tema, o si solo unas pocas estaciones grandes e importantes lo hacen, empiezan a sumarse otras y la canción empieza a escalar posiciones.

Pero incluso el mejor promotor del mundo no puede hacer milagros. Un programador de radio puede meter un tema a una estación porque personalmente le gusta, o incluso porque está haciendo un favor. Pero después, gran parte del éxito depende de los oyentes. Los temas entran a *research* (análisis) y se determina qué recepción tienen entre los radioescuchas. Hay temas que empiezan despacio, y después lentamente se convierten en favoritos. Hay temas que suben como la espuma. Es trabajo del sello y del promotor coordinar la promoción para lograr el mayor y mejor impacto posible, procurando que un tema suba en todas las emisoras posibles al mismo tiempo. También hay temas que suben "obligados", como dicen algunos, a pesar de que su calidad y popularidad no lo ameritan. Pero, no importa cuál sea la trayectoria, si un tema no encuentra la recepción de los radioescuchas, se quitará de la lista más temprano que tarde.

Por ese motivo, volvemos al requisito principal de tener un éxito radial: la canción debe ser un *hit* y debe ser el tema apropiado para el formato apropiado. Esto, por supuesto, es más fácil dicho que hecho, y por esto, nuevamente, insisto en la importancia de ser paciente, y también de ser creyente.

"También es cuestión de suerte", dice Enrique Iglesias. "Es tener la persona correcta y la canción correcta. 'I Like It' —yo tuve esa canción por *dos* años antes que saliera. Escribí esa canción, imagínate hace tanto. Y la quería incluir en un álbum de grandes éxitos con Interscope, pero a ellos no les gustaba la canción. Decían que era muy rara, muy *out there*. Mucha gente miraba esa canción así. Pero yo la tuve dos años y siempre creí en ella. Yo le digo a [el productor] RedOne que es una de esas canciones milagrosas. Cada vez que me despertaba y la tocaba me ponía de buen humor. Para mí era indiscutiblemente un sencillo. Y se la toqué al presidente de la disquera. Le puse unas siete canciones y me dijo: 'Sabes, ese es tu primer sencillo'. Por eso digo que es un milagro: es el momento correcto, es suerte, es conocer a la persona que cree en la misma canción en que crees tú. Primero tienes que escribir la canción correcta, después la persona correcta tiene que creer en ella y, psicológicamente, cuando sale el álbum, estás agotado. Por eso es que escribir éxitos y hacer éxitos es como encontrar una aguja en un pajar".

¡Pero tú lo puedes hacer!

ℒOS CINCO CONSEJOS...
para pegar en la radio

1. Escoge la canción apropiada.

2. Trabaja con un productor o arreglista que entienda las necesidades de la radio.

3. Invierte en un buen promotor de radio.

4. Complementa tu tema con *remixes* o versiones en otros géneros.

5. Lleva tu tema a otros países o territorios.

CAPÍTULO 11

Mis canciones, mi tesoro:

CÓMO PROMOVER Y PROTEGER TUS CANCIONES

$\mathcal{A}$ principios de los años ochenta, en medio de un vuelo entre Amsterdam y Londres, Enrique "Kiki" García, el baterista de Miami Sound Machine, empezó a tamborear un ritmo en la mesita de su asiento.

El grupo venía de tocar conciertos en Holanda, donde, para sorpresa suya, habían encontrado una audiencia enamorada de su música.

"No teníamos ni idea", recuerda Gloria Estefan, quien en aquella época era la cantante del grupo. "Nosotros estábamos tocando guisos en Miami". La realización de que su música había traspasado fronteras inspiró al grupo. Ese día, en aquel vuelo, García martilló un ritmo y escribió "Conga", la canción que se convertiría en la bandera de Miami Sound Machine y en símbolo de un nuevo sonido de música latina. Más de veinte años después, "Conga" sigue siendo una de las canciones más emblemáticas de la música latina, todavía tocada en la radio y utilizada en el cine, en fiestas, en conciertos, en publicidad y en eventos.

Y cada vez que suena "Conga", su autor y su editora reciben regalías.

No todos los artistas son compositores, ni todos los compositores son artistas. Pero de algo no hay duda: una buena canción puede ser la llave del éxito popular y también la llave del éxito financiero. Hoy en día, con el crecimiento de distintas formas de escuchar música —desde la radio terrestre hasta la radio satelital y servicios de *streaming* como Spotify— el valor de una canción tiene aun más potencial (aunque todavía se están negociando los niveles de regalías de distintos sistemas). También, los éxitos se están utilizando cada vez más en campañas publicitarias que a su vez generan dinero a los autores.

El primer paso, sin embargo, es que se escuche esa canción.

Empecemos con el puro comienzo; es decir, ni siquiera pensemos ahora en el éxito radial, sino solo en los comienzos de una canción, cuando el tema todavía está "dándose a conocer", por decirlo así.

Cuando el artista es compositor, es menos complicado: puede pararse en público y tocar o cantar su propia obra. Pero, ¿qué pasa cuando un compositor busca que alguien grabe sus canciones? El hecho es que los pasos a seguir son iguales para todos, ya sean cantautores o simplemente autores.

Si has escrito canciones, el primer paso es registrarlas con la oficina de derechos de autor de Estados Unidos (United States Copyright Office: www.copyright.gov) o su contraparte en el país donde vives. El proceso es fácil y el costo es mínimo y queda constancia del registro de tu obra con fecha y recibo. Si tienes afiliación con una editora o sociedad de ejecución pública, también pueden hacer este trámite por ti. Más importante aún, al hacer esta diligencia, aseguras que si el día de mañana alguien plagia tu obra o la utiliza indebidamente, estarás protegido por el derecho de autor, que es casi sagrado en todas partes.

El derecho de autor es un término jurídico que describe los derechos concedidos a los creadores por sus obras literarias y artísticas por un tiempo determinado. Cada país tiene sus propias variantes de los derechos de autor; por ejemplo, en algunos países los derechos de autor expiran después de setenta años, mientras que en otros después de setenta y cinco. Pero durante ese tiempo, el autor de las obras tiene derechos sobre ellas. Los derechos de autor aplican no solo a composiciones musicales —con y sin letra— sino también a letras, a obras de teatro, diseños de arquitectura, obras de arte, libros, ilustraciones y otras muchas creaciones. La importancia del derecho de autor adquirió nueva urgencia con la llegada de Internet, medio por el cual la propiedad intelectual se diseminó —y continua diseminándose— sin control y sin permiso.

Más allá de los derechos de autor están los derechos conexos, que son los derechos de los artistas, intérpretes o ejecutantes y productores de fonogramas en relación con sus interpretaciones o ejecuciones, fonogramas y emisiones de radiodifusión, respectivamente. En otras palabras, cuando suena una canción en la radio, gana no solo su autor o autores, sino también sus intérpretes. Los derechos conexos no se pagan en Estados Unidos, pero sí en la mayoría de los países del mundo, entre ellos los países de América Latina. Hay que aclarar también que en Estados Unidos la organización SoundExchange sí paga derechos conexos por emisiones o *streamings* digitales.

Al registrar una canción, tu estás afirmando que es propiedad y creación tuya. De este concepto parte todo. Toda canción u obra musical tiene un dueño o dueños, generalmente el autor. Ese dueño es el que decide cómo se administran los derechos de esa canción. Sin embargo, el autor puede vender su canción, regalar su canción o ceder los derechos para siempre o por un tiempo limitado. El autor también puede componer por encargo y recibir pago por ese trabajo, efectivamente entregando su obra a cambio de un precio; esto se conoce en la industria de la música como "*work for hire*" (trabajo por encargo). Una vez que se vende una canción, no se tiene ningún derecho sobre ella, no importa quién la haya escrito. Aconsejo nunca vender las canciones y nunca ceder por completo los derechos a ellas.

Muchos pensarán que registrar obras con la Oficina de Derecho del Autor es una bobada. Al fin y al cabo, se preguntarán, ¿cuál es la posibilidad de que alguien robe mi canción y se enriquezca con ella? Puedo decir con certeza que hay cientos de casos de plagio de canciones que se resuelven dentro y fuera de la corte. Consideren, por ejemplo, el famosísimo caso del compositor puertorriqueño Glen Monroig, que en 2000 demandó al sello independiente de música tropical RMM por cambiar la letra de su canción "Yo soy" sin su permiso y utilizar la nueva versión en varios CDs. La corte falló a favor de Monroig y ordenó que RMM le pagara millones de dólares. Como resultado de ese fallo, RMM —que era en esa época quizás el sello más importante de música tropical— se declaró en bancarrota y fue vendido.

El caso de Monroig ilustra la peor consecuencia de usar o alterar una canción sin el permiso de su autor. Pero también puede suceder que un compositor, consciente o inconscientemente, utilice la obra de otro. Muchos artistas, por ejemplo, utilizan líneas melódicas, pedazos de coro y de secciones de ritmo de canciones que han sido éxitos para construir sus propias canciones. Pitbull, por ejemplo, es un maestro en citar a otros, o en usar *samples* (es decir, literalmente utilizar un pedazo de un tema previamente grabado) en sus temas, como lo hace en sus éxitos "I Know You Want Me" (que utiliza compases de "75 Brazil Street") y "Back in Time" (el tema de la película *Men In Black*, que utiliza un pedazo de "Love Is Strange," una vieja canción de Mickey & Sylvia). En ambos casos —y, de hecho, en todos sus temas— Pitbull pidió y obtuvo permiso por escrito para utilizar la música en su nueva composición. Los artistas que no piden permiso para usar un fragmento de una canción o no piden permiso para alterar una canción que no es de ellos, se abren a problemas legales.

Pero también existen casos donde un compositor escribe un tema que piensa que es original pero que en realidad es copia de otro. George Harrison lanzó "My Sweet Lord" en enero de 1971 y casi inmediatamente se convirtió en éxito. Todo bien hasta que un grupo llamado The Chiffons dijo que el tema era una copia de su canción, "He's So Fine", de 1962. El caso fue a corte y el juez dictaminó que los dos temas eran prácticamente idénticos. Harrison fue encontrado culpable de "plagio subconsciente"; es decir, copió el tema, pero no intencionalmente.

Al momento de escribirse este libro, el caso más candente referente a los derechos de autor es el de la canción "Blurred Lines", grabada por Robin Thicke y escrita por Thicke con Pharrell Williams y T.I., quienes también participan en el tema. Son tres nombres de peso pesado, y en el caso de Thicke, se trata de un artista que empezó su carrera como compositor y que había escrito éxitos para muchísimos artistas —incluyendo Christina Aguilera, Brandy y Jordan Knight— antes de lanzarse como cantante.

Pero "Blurred Lines" tiene un parecido grande a la música del famosísimo cantautor de Motown, Marvin Gaye, quien murió en 1984 y cuya música había servido de fuente de inspiración para Thicke durante su carrera.

Demasiada inspiración, según la familia de Gaye, quienes demandaron a los autores de "Blurred Lines" por plagio. El que haya sido plagio o no es otra historia, y es algo que las cortes y los abogados resuelven. Pero lo cierto es que estos casos son mucho más comunes de lo que uno imagina. Luego, hay que ser cautelosos.

Un tema puede escucharse una sola vez y quedar en el subconsciente del oyente, particularmente si es un buen tema. Por este motivo, todos aquellos que tocan en bares y clubes deben registrar sus canciones y mantener registros escritos exactos del momento de composición y grabación.

Pero más allá de registrar sus temas, todo compositor tiene dos grandes aliados: las sociedades de ejecución pública —que recolectan los dineros que le corresponden a los compositores de las obras que se tocan en público (incluyendo la radio)— y las editoras, que promueven y administran las composiciones, recaudando el dinero por múltiples usos, incluyendo su venta.

Estas dos entidades velan por los derechos de las canciones y sus autores. Una canción puede generar dos tipos de regalías: la regalía mecánica y la regalía de ejecución pública. Es importante distinguir entre las dos.

1. **Regalía mecánica:** El término "regalía mecánica" tiene su origen en la época de principios del siglo xx en que se reproducían las canciones en artefactos mecánicos, como cajas musicales o pianos de rollo. Esos artefactos ya no existen, pero el término se sigue usando. Hoy en día, las "regalías mecánicas" son las que se pagan por la venta de la canción en CD, disco, descarga digital, tarjeta musicalizada o cualquier otra forma de venta por unidad. Las editoras son las que recaudan las regalías mecánicas, cobrándole a las disqueras o a la compañía que vende la canción.

2. **Regalía de ejecución pública:** Las regalías de ejecución pública son las que se pagan cuando un tema se ejecuta en público, sea en un concierto o en la radio, televisión o cualquier otro medio. Estas regalías las cobran las organizaciones de derechos de ejecución (o PRO, Performance Rights Organizations, por sus siglas en inglés) y las reparten al autor y al editor (si el autor trabaja con una editora). Si un compositor ha escrito por lo menos una composición musical —sea solo o con otros— y esa composición está siendo ejecutada en cualquier lugar o por cualquier medio, necesita estar afiliado a una sociedad de ejecución pública para recibir el dinero que le pertenece por esa ejecución.

Cada país tiene sus propias sociedades de ejecución pública. En Estados Unidos hay tres: BMI, ASCAP y SESAC. Aunque el trabajo de la sociedad es cobrar, estas entidades también ayudan muchísimo a los compositores y artistas en desarrollo, a menudo dándoles oportunidades de presentarse en público o juntando a diferentes compositores para trabajar (ver capítulo 12, "Las organizaciones de derechos de ejecución").

Además de las sociedades de ejecución pública, en Estados Unidos también existe SoundExchange, una sociedad independiente, sin ánimo de lucro, que fue creada bajo ley federal específicamente para recolectar las regalías por ejecución en servicios digitales como radio satelital, radio de Internet y televisión por cable. SoundExchange cobra regalías tanto para los autores y editoras como para los artistas que tocan la música.

La editora es la entidad que se encarga de administrar el uso de una canción. Como parte de su trabajo, promueve sus canciones, presentándolas a distintos artistas para grabar, ofreciéndolas para comerciales, televisión y cine y, en general, buscando oportunidades para "minar" el valor de los temas (ver capítulo 13, "La editora"). La editora puede ser dueña de los derechos de una canción (si, por ejemplo, el autor decide vender esos derechos por dinero) o puede administrar esos derechos y cobrar en nombre del autor. Muchos compositores crean su propia editora y la administran ellos mismos, como es el caso de Juan Luis Guerra y Los Temerarios. Otros firman un contrato de administración con la editora, donde esta funciona de alguna manera como la mánager de la compañía editorial del artista, como es el caso de Daddy Yankee y Gloria y Emilio Estefan. Aun otros, firman contratos editoriales donde su editora tiene el control de los temas por un tiempo. Muchos artistas firman con una editora grande porque de esta manera pueden recibir un avance de dinero por el derecho a sus composiciones. La editora grande también tiene más capacidad para recolectar dineros en todo el mundo. Y, al igual que las sociedades, las editoras pueden ayudar mucho al autor en desarrollo ofreciéndole oportunidades para presentar su música en vivo, escribir con otros y hasta grabar en un estudio profesional.

No importa qué decidas hacer en cuanto a editoras, hay una cosa importante para recordar: *a menos que estés muy, muy necesitado de dinero, no vendas los derechos a tus canciones.* Un autor puede pedir a su editora que administre sus derechos, pero regalarlos o venderlos significa que en el futuro no solo no recibirá dinero por la ejecución de su música, sino que tampoco tendrá control sobre el destino de esta. Por ejemplo, si alguien quiere cambiar la letra de una canción, o adaptarla a otro idioma, debe pedir permiso al dueño de los derechos. Si como autor has vendido esos derechos, ya nunca podrás opinar sobre lo que pase con tu tema.

Es común —aunque no ético— que grandes artistas (no todos, afortunadamente) pidan un porcentaje de una canción, sea a manera de crédito autoral o de un porcentaje de su autoría, a cambio de grabarla o de hacerla un sencillo. La lógica detrás de este comportamiento es que si una gran estrella graba una canción, hay mucha mayor posibilidad de que se vendan muchas copias de la misma. De igual manera, una canción que se convierte en sencillo es la que más posibilidades tiene para ganar dinero, pues cada vez que se toca en la radio, televisión o cualquier otro medio, las sociedades recaudan ingresos para el autor.

¿Qué hacer si un artista ofrece grabar tu canción a cambio de un porcentaje del crédito autoral?

La respuesta correcta es decir: "No gracias". Pero si eres un compositor que está recién empezando, esta también puede ser una gran oportunidad para establecerte como compositor y dictar tus propias reglas más adelante. Si te encuentras en esta situación, háblalo con tu editora, con tu mánager y, sí, con tu PRO. Al final, puede ser posible compartir, aunque repito, nunca debes ceder o regalar todos tus derechos.

El ceder un porcentaje de una canción significa efectivamente que se le está dando dinero a un tercero, pues cuando se recauda el ingreso de la canción, un porcentaje pertenecerá a alguien que no tuvo nada que ver en la composición. Esto es común.

Menos común es que un artista o ejecutivo, además de solicitar un porcentaje del tema, también pida que se lo cite como coautor del mismo, sin haber escrito una sola nota.

"Los compositores siempre han dado porcentajes de sus temas a otras personas por muchas razones distintas", me dijo una vez un editor. "Para que les graben el tema, para que el tema sea un sencillo, para que promocionen el tema. Yo no puedo evitar que mis escritores digan sí o no. Lo que sí puedo hacer es ayudarlos a entender lo sagrado que es el oficio del escritor y todo el trabajo que implica ser compositor. Pero, por supuesto que siempre habrá escritores dispuestos a hacer cualquier cosa para que se use su canción. Porque la verdad es que si un compositor dice "no", siempre habrá alguno que diga "sí". Conozco, por ejemplo, a un artista que antes de escoger sus temas, coloca, por escrito, el porcentaje que quiere de cada canción. En mi opinión, eso es m… Yo no voy a decir que un artista no puede ser compositor. Y quizás la sola presencia del artista en el estudio, así no haga nada, le da a la sesión de composición cierta aura. En nuestro caso, si el compositor accede a dar un porcentaje de su tema, lo hacemos, pero no colocamos al artista como coautor a menos que haya colaborado en la sesión de composición".

Más allá del crédito o del porcentaje de la autoría de una canción, está lograr que se grabe esa canción. Como mencionamos anteriormente, muchos artistas son compositores, y quizás tú seas uno de ellos; grabas tus propios temas. Pero quizás seas solamente un compositor o quizás seas un artista y compositor que también escribe para otros. Algunos artistas, por ejemplo, han empezado sus carreras como compositores antes de convertirse en solistas. En tal caso, el truco está en lograr que alguien más —preferiblemente un artista famoso— grabe tus canciones. ¿Cómo hacerlo?

El cantautor puertorriqueño Tommy Torres, por ejemplo, firmó su primer contrato discográfico con Sony hace más de una década, pero muchas de las canciones que estaba escribiendo para su propio disco al final fueron grabadas por otros artistas.

"Lo de productor lo empecé para hacerme camino como artista", dice Torres, quien hoy en día alterna sus propias producciones con el trabajo que ha hecho para artistas como Ricky Martin y Ricardo Arjona. "Nunca lo vi como 'quiero hacer las dos cosas a la vez y voy a ser un gran productor y mis discos como *hobby*'. Lo de productor fue después. De hecho la canción 'Llegar a ti" de Jaci Velázquez era para mi disco y él [el presidente de la disquera] la quiso para ella."

Pero "Llegar a ti" se convirtió en una gran éxito cantado por Velásquez.

"Esa fue una lección en humildad", dice Torres. "Ahí me di cuenta que vale la pena dejar el ego a un lado. Ahí me di cuenta que no te debes aguantar canciones [sólo para ti mismo]".

En el caso de Torres, su disquera descubrió sus talentos como compositor y regularmente le pedía temas para otros artistas. En otras ocasiones, entra el apoyo de una editora. Si ellos están convencidos de tus canciones, las presentarán a los intérpretes. Tu sociedad también puede ayudar a que un artista conozca y al final grabe tus temas. Y, como siempre, estás tú mismo. Nadie es mejor abogado y defensor de sus composiciones que el compositor mismo. Si tienes la oportunidad de conocer a ejecutivos disqueros o editoriales, presenta tus canciones. Si sabes de un artista específico que está buscando repertorio, y piensas que tienes un tema ideal, llama a la persona encargada de la producción o pide a tu editora que lo haga. Es irónico que muchos artistas son personas muy tímidas, pero en este caso, olvídate de eso. Hay muchísimos compositores que buscan que sus temas sean grabados y un solo tema te puede abrir la puerta a más y más y más. Un gran ejemplo del compositor que insiste es Espinoza Paz, quien hoy es reconocido como uno de los grandes talentos de la música mexicana. Pero antes de ser cantante, Paz se estableció como un compositor a quien, desde antes de los quince años, ya le grababan sus canciones.

"He tenido muchas oportunidades porque empecé desde pequeño", explica Paz. "Mi primera oportunidad me la dieron en mi ranchito en Sinaloa, una banda que se llama Santa Rosa. Y después una que se llama Nueva Santa Rosa. Yo fui a buscarlos a ellos. Les di la canción y funcionó".

Al final del día, pocas cosas son tan emocionantes como escuchar a tu canción en la radio o en un club o en un concierto. Y pocas cosas son tan gratificantes como el saber que cada vez que suena esa canción, tu ganas un poco.

"El valor de la canción es el derecho de autor", dice Omar Alfanno, uno de los grandes compositores latinos y autor de "El gran varón" y "A puro dolor", entre otros temas. "Por eso es que el *copyright* no se debe dar a nadie. Porque eso es una herencia. Ese es el pan de nuestros hijos. Nosotros los compositores no heredamos ni tierras ni edificios. Nosotros heredamos el derecho de autor".

¿OS CINCO CONSEJOS...
para proteger y promover tus canciones
● ●

1. Registra tus temas con la oficina de derecho del autor.

2. Firma con una sociedad de ejecución pública.

3. Firma con una editora o establece la tuya propia.

4. No vendas tus derechos de autor (o *copyright*).

5. Promueve tú mismo la grabación y ejecución de tus canciones.

CAPÍTULO 12

Las organizaciones de derechos de ejecución

$\mathcal{E}$n el capítulo anterior, hablamos de la importancia de afiliarse a una organización de derechos de ejecución. ¿Y qué es, exactamente?

Las organizaciones de derechos de ejecución o PRO (Performance Rights Organizations), se encargan de cobrar los derechos de autor por ejecución pública de compositores y editoras. La PRO, luego de deducir sus costos administrativos, reparte las regalías a sus miembros.

Por ejecución pública se entiende tocadas en medios como radio, televisión e Internet; en conciertos en vivo; y en recintos públicos como restaurantes, salones de belleza y bares. Las PRO tienen acuerdos con todos estos medios y lugares y recaudan por tocada. Por ejemplo, si un artista toca una canción en un programa de televisión, el canal reporta esta ejecución y la sociedad cobra una cifra acordada. Cada cierto número de meses, los miembros de cada sociedad reciben un estado de cuenta o cheque.

Te preguntarás por qué hace falta afiliarse a una PRO. Porque es imposible para cada autor entablar un acuerdo con todos los lugares en el mundo que pueden utilizar su música. Al tener acuerdos con todos —y realmente son prácticamente todos— los espacios públicos que usan música, las sociedades tienen derecho a recaudar en nombre de sus autores, algo que el autor no puede hacer por sí solo.

Cada país tiene sus sociedades de gestión colectiva. En Estados Unidos hay tres: ASCAP y BMI, que son las más grandes, y SESAC, que por decisión propia, es una organización mucho más pequeña y con un número mas reducido de compositores. Todas cumplen la misma función y todas tienen acuerdos con sociedades en otros países. De esta manera, un artista puede recibir regalías de ejecución pública de su obra en múltiples territorios con una sola afiliación.

"Yo estoy sobreviviendo, como otros compositores, porque tengo mucha música grabada", dice el compositor cubano Jorge Luis Piloto, cuyos arsenal de éxitos incluye "Quítame ese hombre", "Cómo se cura una herida" y "Yo no sé mañana" (escrita con Jorge Villamizar). "El fuerte mío ha sido siempre el tropical. Y el tropical es muy fuerte en Europa y Asia. Y [con] canciones que quizás ya nadie se acuerda que existen, porque pasaron hace veinte años, me sigue entrando dinero. Por ejemplo, en Italia, yo sigo cobrando las canciones que me grabaron Rey Ruiz, Gilberto Santa Rosa, Victor Manuelle, como si las hubiera hecho ayer. Y yo vivo de eso. Ese es mi *bread and butter*".

Para el compositor, las regalías más grandes de ejecución usual-mente vienen de tocadas en radio. En Estados Unidos, estas tocadas son monitoreadas por el sistema BDS (Broadcast Data System) que informa las listas de Billboard, y por Media Base. Ambos sistemas ge-neran una especie de huella digital para cada canción que se toca en las estaciones de radio del país, y así pueden tabular con exactitud cuántas veces suena cada canción en cada estación. A su vez, las sociedades pagan regalías a los autores y editoras de acuerdo al número de veces que sonó una canción. Ahora bien, los acuerdos entre compositores y sociedades no tienen intermediarios, y ahí yace gran parte de su tre-mendo valor. Si un tema suena en la radio y tiene éxito, el compositor —si es dueño de los derechos de su obra— siempre va a recibir un cheque al final de cada período. Para muchísimos autores, estos cheques han sido su sustento y patrimonio a través de los años.

Aquí en Estados Unidos, tanto BMI como ASCAP como SESAC tienen departamentos que corresponden a distintos estilos de música, incluyendo la música latina. Estos departamentos, con oficinas en las principales ciudades latinas de Estados Unidos —incluyendo Los Ángeles, Nueva York y Miami— tienen como fin afiliar a los mejores autores de música en español y velar por sus derechos y los derechos de sus editoras.

Aunque el objetivo de las sociedades es cobrar los derechos de autor por ejecución pública y luego repartir ese dinero, estas organizaciones hacen muchas otras labores, algunas diseñadas específicamente para ayudar a nuevos compositores. Estas incluyen charlas y seminarios sobre la industria de la música, presentaciones en vivo para nuevos autores, crear oportunidades para que distintos compositores trabajen juntos y organizar múltiples eventos sociales para que sus miembros se conozcan e interactúen. ASCAP, por ejemplo, organiza lo que llama "Campamentos de compositores", donde compositores de distintos géneros y lugares se reúnen a componer para distintos artistas. BMI organiza "Noches Bohemias" en distintas ciudades, donde los compositores tanto nuevos como establecidos tienen una oportunidad de tocar sus obras en público. Además, todos los años las sociedades latinas organizan premios donde reconocen a los autores y las editoras más tocados en el transcurso del año.

Estas ceremonias sirven como un vehículo no solo para premiar, sino también para presentar artistas nuevos ante la industria, ya que siempre tienen un componente de presentación en vivo.

"Nuestro reto más grande es educar a ciertos sectores de la industria latina sobre el valor de las contribuciones de los compositores, y convencerlos de que los compositores nunca deberían regalar sus canciones o sus derechos de autor para poder vivir de su arte", dice Alexandra Lioutikoff, la vicepresidente sénior de membresía latina de ASCAP.

Este es un punto sobre el cual haré hincapié una y otra y otra vez. Vender una canción o sus derechos es tentador, especialmente cuando se empieza y no hay dinero. A menos que las circunstancias sean de vida o muerte, no lo hagas. Si un artista, sello o editora quiere tu canción con tanta desesperación, por lo menos deben poder llegar a un acuerdo para compartirla. El mero hecho de que alguien ofrezca comprar una canción quiere decir que la piensan usar y que, en el futuro, tú no disfrutarás de las ganancias, si las hay.

Sí debes recordar, sin embargo, que escribir canciones es muy a menudo un proceso de colaboración en el que pueden entrar compositores, productores y artistas. Una de las labores que hacen las sociedades es facilitar este proceso de colaboración.

"Hemos creado unos programas creativos fantásticos para nuestros escritores", dice Lioutikoff, refiriéndose a sus "Campamentos de canciones" ("Song Camps" en inglés), donde escritores de distintos géneros se reúnen para crear nuevos temas. A menudo, los directivos de las sociedades invitan a compositores nuevos con promesa a participar.

Ayudar a nuevos compositores, dice Delia Orjuela, la vicepresidente de membresía latina de BMI, es uno de los enfoques de su departamento.

"Hay tantos compositores y sienten que no hay tantos lugares donde pueden ir con su música", dice Orjuela. "Nosotros no somos un sello. No somos un mánager. Entonces, tratamos de darles oportunidades de tocar frente a la industria. Siento que es más difícil hoy para mucho nuevo talento. Nosotros recomendamos a artistas para *shows*. Si tenemos oportunidades de que toquen, las ofrecemos. Creamos nuevas oportunidades para ellos y consistentemente presentamos nuestros propios *shows* para poder ofrecer esa plataforma. También escribimos sobre nuevos nombres en nuestra página web y hablamos con mucha gente sobre estos nuevos talentos".

"Nosotros damos atención muy personalizada", dice J. J. Cheng, la vicepresidente de relaciones autorales/editoriales de SESAC Latina.

"Como PRO, nuestro trabajo es recaudar. Pero yo quiero conocer muy bien a mi escritor. Me quiero sentar, ver qué dirección quieren tomar en su carrera, ver qué quieren hacer, en qué quieren trabajar en cuanto a colaboraciones, promoción y publicidad. Trabajamos de la mano de ellos sin ser un sello".

Al igual que BMI y ASCAP, SESAC Latina es conocida por sus *showcases*, que tienen lugar de manera constante y usualmente incluyen a compositores conocidos junto a compositores nuevos tocando su material en formato acústico. Como resultado de estas presentaciones, el compositor recibe publicidad, promoción, cobertura de la prensa y, a veces, mucho más.

Todos los años, por ejemplo, BMI ofrece un *showcase* como parte del programa de la Conferencia Billboard de la Música Latina. En 2013, una de sus artistas invitadas fue la cantautora cubanoamericana Kat Dhalia, recién firmada a un contrato disquero con uno de los sellos de Sony Music. Su presentación con BMI fue su debut ante la industria y la prensa latina.

Es muy fácil afiliarse a una PRO. De hecho, si tú tienes composiciones que están sonando en lugares públicos, debes afiliarte para poder cobrar por la ejecución, de lo contrario, ese dinero se pierde después de un tiempo.

¿Cómo hacerlo? Llama por teléfono o somete una solicitud en la página web correspondiente. Si tu obra está sonando, el trámite es inmediato. Sin embargo, investiga un poco a cada sociedad. Conoce a las personas que la manejan. Ve a los eventos que organizan. Los contratos con las sociedades corren por dos años, luego, asegúrate de estar firmando con una organización con la cual te sientes cómodo y que está dispuesta a ayudarte dentro de lo posible.

Una vez que estés afiliado, recuerda que las sociedades tienen miles y miles de miembros además de ti. Por lo tanto, es tu responsabilidad darte a conocer. Visita su oficina local o aprovecha un viaje a una ciudad que la tenga para presentarte en persona. Haz una cita y asegura que escuchen tu música. Si los directivos de la sociedad ven que tú tomas tu trabajo en serio, ellos también lo harán. Mantenlos informados del progreso de tu carrera. Invítalos a verte tocar en vivo. Y, pide oportunidades. No hay nada más gratificante para un ejecutivo —no importa de qué sector de la industria— que descubrir un nuevo talento. Si tú tienes las ganas y las canciones, encontrarás manos dispuestas a ayudar.

Como mencionamos anteriormente, además de BMI, ASCAP y SESAC, también existe SoundExchange, cuyo objetivo es recoger y distribuir las regalías de ejecución pública por servicios digitales como radio digital, radio por Internet y canales de cable. Pandora y Sirius XM, por ejemplo, caen bajo la mira de SoundExchange. A diferencia de las otras sociedades, que tienen muchos años de antigüedad (ASCAP cumplió cien años el 13 de febrero de 2014), SoundExchange apenas fue creada en 2005, con la llegada de los medios digitales. La organización representa a artistas tanto grandes como pequeños, independientes y firmados a grandes sellos. Y SoundExchange paga regalías no solo al dueño de la canción sino también al artista que la interpreta. Para recibir regalías de SoundExchange el artista sólo debe registrarse, gratis, visitando la página web www.soundexchange.com.

*L*OS CINCO CONSEJOS...
para afiliarte a una organización de derechos de ejecución

∙∙∙

1. Compón canciones.

2. Graba tus temas, así lo hagas tú mismo en tu casa.

3. Habla con todas las organizaciones.

4. Hazte miembro.

5. Mantén contacto permanente con la organización y pide oportunidades.

CAPÍTULO 13

La editora

*S*i la sociedad de gestión colectiva recauda por ejecución pública, entonces, ¿qué hace la editorial? La editorial o editora es dueña de —o administra— los derechos de las canciones y las licencia a otras compañías, como estudios de cine, televisión, agencias de publicidad y sellos discográficos. La editorial recauda los montos del uso de la licencia y, después de sacar su porcentaje o comisión, reparte el resto al dueño de los derechos.

El trabajo de la editora se basa en el derecho de autor (*copyright* en inglés, que literalmente quiere decir, "derecho a copiar"). Las primeras editoras aparecieron en el siglo XIX cuando se empezaron a imprimir partituras. El compositor llevaba su partitura a la editora, quien la imprimía —la copiaba—, la vendía y distribuía la ganancia con el compositor. Hoy en día ha cambiado la tecnología pero el principio es el mismo. La editora adquiere los derechos de la canción (el *copyright*), licencia la canción y reparte las ganancias.

Es importante aclarar que la editorial *no* es necesariamente dueña de los derechos de autor, a menos que el autor original los haya vendido. Usualmente tiene esos derechos por un tiempo. Y, además, la editorial tiene control sobre la canción misma, pero no sobre la grabación; la grabación le pertenece a la disquera. Pero si alguien quiere hacer una nueva versión de una canción donde se cambia la letra o la música, por ejemplo, deben consultarlo con la editorial que maneja los derechos de ese tema.

Una buena editora activamente promueve el catálogo de sus compositores; licencia la música para distintos usos, desde televisión y cine hasta comerciales; propone temas a cantantes en busca de canciones; y negocia el mejor precio posible por el uso de un tema (ojo, cuando otro artista graba el tema de un compositor, usualmente no se paga por hacerlo; el compositor gana en regalías de la venta de discos o de las tocadas en radio).

Cómo reparte el dinero la editora depende del contrato que tenga con el compositor. Por lo general hay tres tipos de contratos que dividen lo que se paga por la composición (la parte del autor) y la administración (la parte de la editora).

1. **Contrato editorial:** Usualmente, los dineros que recoge la editora se dividen mitad y mitad entre el escritor y la editorial. Este acuerdo es fácil y manejable y es el más común para compositores nuevos que todavía no tienen un éxito.

2. **Contrato de coedición:** Aquí el escritor recibe su 50% como compositor y también recibe la mitad de la parte editorial. O sea, el editor recibe menos dinero que en un típico contrato editorial. Estos contratos son los preferidos para compositores que tienen muchas obras en el mercado y quieren un porcentaje de la parte editorial.

3. **Contrato administrativo:** En estos acuerdos, el compositor recibe la gran mayoría del dinero y le da a la editorial un porcentaje —puede ser del 10%— por administrar sus canciones. Solo los compositores de mayor éxito tienen este tipo de contrato, ya que quedarse con sólo el 10% o 15% de una can-

ción no representa un negocio para la editora, a menos que sea una canción de *enorme* éxito. Don Omar, por ejemplo, quien ha tenido algunos de los éxitos más grandes de los últimos años, tiene un contrato administrativo global con EMI Music Publishing, que administra todo su catálogo de canciones en todo el mundo. Dado que Don Omar no solo tiene grandes *hits* en radio sino que también vende muchas descargas digitales y sus videos son vistos millones de veces por You-Tube, este tipo de contrato es un buen negocio para ambas partes.

"Los contratos en general se ajustan a las condiciones del mercado", dice Jorge Mejía, vicepresidente sénior para música latina de la editora Sony/ATV (que ahora incluye a EMI Music Publishing). "Quiere decir que podemos poner más énfasis en la ejecución pública que en las regalías mecánicas, por ejemplo. Los editores tenemos que mirar las diferentes fuentes de ingreso cuando tomamos decisiones. Los acuerdos tienen que ser coherentes con el mercado". También, agrega Mejía, un cambio positivo para todos es que "los editores, más que nunca, están pensando en qué pueden hacer por el compositor".

Hemos visto a lo largo de este libro varios ejemplos de artistas que firmaron contratos discográficos de la mano de sus editoras. Pero muchos artistas dividen sus dos facetas, y de hecho, muchos expertos recomiendan no tener la editora y el contrato disquero en la misma casa.

Hagas lo que hagas, tener el apoyo de una editora puede ser de gran utilidad para tu desarrollo como compositor. Con el tiempo, diría que es casi indispensable a la hora de recolectar dinero que te pertenece.

Espinoza Paz, de quien hablamos anteriormente, empezó su carrera de compositor colocando sus propios temas. Hoy en día, Paz está firmado con la editora Arpa Music. Pero aun eso fue algo que él mismo trajo a la mesa.

"Estoy con ellos desde que inicié mi carrera como autor. Yo fui a buscarlos. Yo he buscado a todos. Para que me conocieran me tocó ir y que me conocieran. Yo fui y dije: 'Soy compositor, aquí están mis canciones, escúchalas. Si tienes artistas que las graben, dáselas'".

¿Qué sucede si un autor no tiene editora? Pierde dinero. Para empezar, no hay sistema de recolección perfecto. Por más que tengas a tu sociedad y tu editora trabajando por ti, hay dineros que se escaparán; habrá lugares en pequeños pueblos que usen tu música y que no te compensen. Pero tener un equipo de gente velando por tus intereses ayuda, porque tu ganancia es su ganancia. La editora se encarga de asuntos de los que tú solo no puedes encargarte. Cualquier uso de tu música, ellos lo vigilan y lo cobran por ti, incluyendo si un programa de televisión utiliza tu música, si otros artistas graban tu música o cuando una campaña publicitaria o producción audiovisual quiere tus composiciones.

Una editora proactiva también busca oportunidades, coloca tus canciones en otras grabaciones y en campañas de publicidad, empuja para que tus temas se conviertan en sencillos y muchas veces van aun más allá. Hace poco, por ejemplo, Warner Chappell —la editorial de compositores como Robi Rosa y Jorge Villamizar— produjo una serie televisiva que se transmite por América Latina y que utiliza en su mayoría música de sus compositores.

Las editoriales muchas veces también son la puerta por la cual un cantautor entra a lograr un contrato discográfico, como leerán más adelante. Si una editorial se entusiasma con tus composiciones, es muy común que lleven tu música a una disquera y te propongan como artista; después de todo, hoy, más que nunca, se valora al artista que también compone (aunque no es un atributo indispensable).

Ahora bien, hay muchísimas editoras de muchos estilos y tamaños. Hay editoras multinacionales como Universal Music Publishing, Sony Music ATV y Warner Chappell; está Peermusic, que es una editora independiente pero con operaciones internacionales; existen editoriales independientes importantes en todos los países, como Map Songs en Estados Unidos (que por muchos años fue la editora de Claudia Brant) y Arpa Musical (la editora de Espinoza Paz). También hay muchos sellos disqueros pequeños que tienen su propia editorial, como Top Stop Music (el sello propiedad de Sergio George).

Con quién firmar dependerá mucho de la afinidad, pues una editora que es amante de tu música hará más esfuerzos por promoverla. También depende de en qué etapa estés como artista y compositor y qué te ofrece tu editora. Puedes firmar con una pequeña editora local si eso quieres, pero asegúrate de que tenga acuerdos con editoras en otros países si tu música suena en el extranjero.

También depende del dinero. Las editoras, como los sellos disqueros, acostumbran dar avances cuando ven el potencial de ganancia a futuro. Y he aquí el gran dilema. Pues si estás necesitado de dinero y una editora cree en ti, quizás puedas lograr un avance generoso que te ayude en ese momento. Pero, si eres un escritor en desarrollo que ya ha sido "descubierto" por artistas importantes, o si eres un cantautor que ya está empezando a pegar éxitos en la radio, quizás prefieras esperar antes de firmar con una editora, pues entre más éxito tengas, mejor avance lograrás.

Sea cual sea tu decisión, un contrato con una editora es como cualquier otro; es decir, tiene términos muy específicos. En el caso de las editoras, estos incluyen escribir cierto número de temas al año y grabar cierto número de temas al año. Sobra decir que si firmas con una editora por un gran avance, no puedes sencillamente dejar el contrato antes de recuperar tu avance.

Por lo tanto, asegúrate, una vez más, de que un abogado lea tu contrato editorial y te asesore. Hay muchos, muchos, muchos casos de autores que han cedido los derechos a sus canciones a cambio de que se las graben, o de que les graben un disco. Es tentador, pero *no lo hagas*.

Si no estás listo para amarrarte a una editorial, considera lo que hacen algunos compositores: negocian canción por canción con distintas editoriales. Es una práctica muy común, especialmente en el mundo de la música regional mexicana, donde muchos grupos hacen su propia promoción radial y prefieren negociar directamente con los compositores. Esos arreglos no generan avances pero sí ofrecen flexibilidad.

Sin embargo, si decides ser un compositor independiente, necesitas alguien que administre tu editorial, ya sea otra editorial independiente, una editorial multinacional o alguien conocedor del negocio que vele por tus intereses.

No importa lo que hagas, el momento en que alguien demuestra interés por tus canciones es el momento en que tú debes demostrar interés por su potencial financiero. Recuerda que mucho después de que se acaban las carreras, los discos y los conciertos, las canciones perduran.

*L*OS CINCO CONSEJOS...
para encontrar una editora

● ●

1. Determina qué tipo de contrato te conviene.

2. Busca alguien que ame tu música.

3. Pide un avance.

4. Consulta con un abogado.

5. Nunca cedas tus derechos de autor.

CAPÍTULO 14

De dónde nacen las canciones

*H*emos hablado del proceso para entrar en la radio: el promotor, el productor, el arreglo, los *remixes* (cuando se requieren), la voz y… la canción. Hay canciones que surgen como por arte de magia. Hay canciones que son trabajadas y labradas.

Aquí están las historias detrás de algunas de nuestras canciones favoritas, contadas por los propios autores. ¡Ojalá su inspiración sea inspiradora!

*S*i tú no bailas conmigo" (Juan Luis Guerra)

"Compongo con la guitarra. Y siempre primero la música. Cuando voy a arreglar entonces voy al piano y ya llego al estudio con la canción hecha. Pero puede surgir un estribillo al comienzo. Por ejemplo, 'Si tú no bailas conmigo, no se puede bailar'. Pero, por supuesto, uno no tiene la letra completa. Sin embargo, a veces llegan cositas y tú las escribes. 'Si tú no bailas conmigo' es mi preferida. Es un merengue lento dedicado a mi esposa. Es muy romántico".

"El dolor de tu presencia" (Rudy Pérez)

"Lo más importante que puedo decir es que una vez que un tema es un *hit*, puede volver a ser *hit* una, dos décadas después. Ese tema fue un *hit* para Ednita Nazario en 1986 o 1987. Es un gran ejemplo de cómo una gran canción no tiene tiempo o espacio. No le cambia nada [en la nueva versión], salvo que hicimos una versión cumbia. Líricamente, es algo con lo que todos nos podemos identificar. Es una historia que pasa todo el tiempo: dos chicas conocen a un hombre al mismo tiempo. Una se queda con él, y la otra es con la que él juega. Y una de ellas decide decir: 'Espera un momento. Tu presencia me lastima'. Y en este caso fue la historia de una amiga que conocemos, una amiga de la familia. Ella y su amiga habían conocido a un tipo, y este tipo trataba de enamorarla cuando su amiga no estaba. Hasta que ella dijo: 'Esto realmente me molesta. Tengo que salir de este hombre'. La letra se puede identificar con los problemas comunes de la gente. Y la melodía es muy pegajosa. Si los oyentes pueden identificarse con la historia y la melodía es memorable, es un *hit*".

*"C*uando me enamoro" (Enrique Iglesias)

"Es la canción más importante del álbum *Euphoria*. La escribí en casa con mi amigo Descemer Bueno. Tengo un pequeño estudio junto a mi cuarto, y ahí es donde escribo por las noches. La escribí hace como tres años [antes de la salida del disco] y la canté solo al principio y me gustó, pero no me enloquecía. Pedirle a Juan Luis Guerra que cantara me ponía nervioso porque siempre fue uno de mis ídolos. El suyo fue el primer concierto de un artista latino —aparte de mi papá— que realmente me enloquecía. Y no lo conocía personalmente. No pensé que iba a decir que sí. Y no lo hizo. Dijo: 'Tengo que escuchar la canción antes de darte una respuesta', lo cual, claro, es lo lógico. Y debo decir, si no fuera por Juan Luis, creo que él le dio a la canción el ímpetus que necesitaba".

"No me doy por vencido" (Luis Fonsi)

"Esta fue una de las primeras canciones que escribí para *Palabras del silencio*. Cuando escribo, usualmente escribo con otros. Me encanta la conversación y la química que creas al escribir con otro compositor. Esta canción la escribí con Claudia Brant, que es la primera persona que llamo a la hora de escribir canciones. La llamé y le dije: 'Quiero escribir canciones positivas. Y salimos con esa frase: No me doy por vencido. Fui a Los Ángeles a escribir con Claudia, y ella ya tenía muchas ideas sobre la lírica y yo tenia muchas ideas sobre la melodía. La canción como que se estaba escribiendo sola. Recuerdo que estábamos en su sótano, ni siquiera en el estudio, y te juro que en treinta minutos habíamos escrito la canción de arriba a abajo. La canción se usó después para las olimpiadas y para muchas campañas increíbles. Muchas personas se identificaron con el mensaje. Pero originalmente era el punto de vista de un tipo que no se da por vencido con su chica. Y lo más importante de la canción es la letra. Creo que llegaron en un momento cuando necesitábamos escuchar letras positivas, necesitábamos un empuje, y la música siempre es una parte grande eso. Uno nunca sabe si una canción será un éxito. Pero cuando la terminamos, estaba muy emocionado. Sabía que era una canción especial".

"Dónde estará mi primavera" (Marco Antonio Solís)

"Cuando escribo, estoy donde me toca estar. En el avión me llegan frases. Yo grabo las frasecitas que llegan a mi mente. Y eso ya se queda.

Si se desarrolla la canción toda, voy escribiendo, pero regularmente se queda menos de la mitad de la canción. Cuando llego a un lugar saco mis papelitos, mis grabadoras y ahí es cuando necesito el espacio y mucho silencio. Ahí es cuando llega ese trance de escribir, de formalizar. Ya cuando está la esencia de la canción ya está la canción. Ya lo demás es fácil. Viene siempre la melodía. Siempre. Las melodías para mí son divinas. Vienen de un lugar divino. A mí una sola melodía me empieza a mover, empiezo a transpirar cuando empiezo a construir una melodía. E inmediatamente llega a mí una frase, un par de frases. 'Dónde estará mi primavera' es una canción que me mueve mucho también. A la edad mía, ahora me habla más esta canción. La escribí hace unos nueve años, entonces no es igual. Creo que todos los días estamos cambiando. Y yo casi nunca siento igual; siempre percibo diferente las cosas. Ahora hay temas que aunque los escribí antes, ahora me asientan mas".

CAPÍTULO 15

Firmar con un sello discográfico

*Y*a tienes canciones, tienes banda y estás tocando en público. Todos dicen que tu música es maravillosa. Incluso, hay fans que te escuchan fielmente y tus temas tienen miles de escuchas en Facebook. Quizás es el momento de buscar un contrato con una discográfica que ayude aún más en la promoción de tu música.

Antes de seguir, es importante aclarar que la discográfica de hoy es muy distinta a la discográfica de hace veinte o incluso diez años. En esas épocas, se firmaban muchísimos artistas y se brindaba un apoyo económico muchísimo mayor en la forma de grandes avances. Hoy en día, con la caída de la venta de CDs, los contratos son más modestos y es más difícil conseguirlos. Sin embargo, la esencia de lo que buscan los artistas y las disqueras no ha cambiado: el artista quiere llegar al estrellato, o por lo menos, quiere que su música le llegue al mayor número de personas. La disquera quiere ganar dinero. Por lo tanto, tienes que convencer a la disquera de que tú eres un artista valioso para ellos.

El demo

El primer paso es grabar un demo. El demo es, literalmente, un diminutivo de la palabra "demostración". Su objetivo es demostrar, de manera corta y concisa, qué puedes hacer. Un demo no debe costar mucho dinero ni tampoco mucho esfuerzo. Las disqueras entienden que es sencillamente un abrebocas. Pero el demo sí debe ser contundente, pues los primeros dos o tres minutos pueden definir si una disquera firma o no.

Un demo no debe tener más de tres canciones. Y esas tres deben ser tus obras maestras. Al igual que sucede con la radio, las disqueras no tienen paciencia para escuchar cada acorde o palabra. Por lo tanto, trata de que las canciones que selecciones te representen realmente como artista, sean inmediatamente contundentes y que representen algo único. Sé brutalmente honesto contigo mismo y recuerda que con casi toda seguridad, quienquiera que escuche este demo no va a pasar de los primeros treinta segundos en cada canción a menos que haya algo impresionantemente cautivante que lo mantenga escuchando. Por lo tanto, ¡ve al grano! En esos primeros treinta segundos no metas un larguísimo solo de bajo o guitarra, sino la melodía más gloriosa o el *hook* más emocionante que puedas. Tú necesitas que sigan escuchando, y no que digan, "*Next!*".

Una vez que tengas definido tu repertorio, busca dónde grabar. Hoy en día, muchísimas personas tienen estudios de grabación en sus propias casas. Si tú eres una de esas personas, aprovecha tus propios recursos. Si no, vale la pena invertir al menos un poco en una grabación decente que ponga en relieve tus cualidades musicales. Por favor, no envíes ese video casero que filmaron tus padres o amigos en la presentación de talentos escolar (y ciertamente no lo subas a YouTube). A menos que se trate de un joven Plácido Domingo, te garantizo que no sonará bien, aunque tú jures lo contrario.

También, define si vas a grabar en vivo (que puede ser una buena alternativa para una banda de *rock*) o por canales (lo ideal para un cantante con acompañamiento). Lo importante es grabar la voz en un estudio donde puedan optimizar el resultado. El demo final no debe sonar perfecto ni debe estar masterizado. Pero sí puede sonar semiprofesional con muy poco dinero.

Una vez grabado tu demo, arma tu *press kit* o carpeta de prensa. Incluye una breve biografía con tus logros hasta el momento, describe tu música e incluye recortes de periódicos o artículos que hayan salido en cualquier medio —incluyendo Internet— si los tiene (ver capítulo 6, "La prensa").

Ahora, averigua a quién mandarle tu demo. Quizás el error más grande que cometen los artistas en desarrollo está en enviar solicitudes genéricas a todos los sellos disqueros del planeta. No lo hagas pues todo tu duro trabajo terminará en la basura. Un sello de *hip-hop* no quiere escuchar un disco pop. Define qué sello es idóneo para tu música, y averigua quién es la persona encargada de A&R (Artistas y Repertorio) en cada disquera. ¿No sabes qué es Artista y Repertorio? Es el departamento encargado de firmar a los artistas y desarrollar el repertorio que deben grabar. No lo olvides. El director de A&R es la puerta de entrada a la mayoría de los sellos.

Muchos sellos no reciben material no solicitado y pueden regresártelo sin abrirlo. Para evitar esto, envía primero una carta o correo electrónico y explica quién eres y por qué tu música vale la pena. Luego, envía tu material.

Afortunadamente, la nueva tecnología te da una ventaja hoy en comparación de hace veinte o incluso diez años. Los demos se pueden enviar como discos físicos, o como enlaces a videos en YouTube o temas en Myspace o Facebook. Si ya tienes seguidores, aprovecha para mostrarle a la disquera que además de música, tienes fans.

Recuerda, sin embargo, que es difícil que entre cientos de demos alguien preste atención al tuyo. Por lo tanto, es idóneo que tu material vaya acompañado de una buena "historia" (por ejemplo, un artículo en el periódico o miles de seguidores en Facebook) o de un buen "padrino" o "madrina" —sea un productor, promotor o mánager— que ya conozca alguien en el sello. Si esa persona tiene una historia de éxito, es más probable que el sello tome en serio la propuesta. Además, al sello le gusta saber que este nuevo y desconocido artista·ya tiene una estructura y un soporte detrás, así sea incipiente. Muchos artistas, por ejemplo, han llegado a sus sellos por medio de sus editoras (ver capítulo 13, "La editora"). Ese fue el caso del puertorriqueño Sie7e, firmado por Warner después de tener éxito independiente, y llevado a la disquera de mano de su editora, Warner Chappell.

Diez años antes, Warner Chappell también había llevado a otro de sus artistas al sello Warner Music Latina. Se trataba de Bacilos, el trío liderado por el colombiano Jorge Villamizar, quien antes de firmar como artista, había firmado como compositor con la editora.

"Cuando primero firmé a Jorge, Bacilos estaba tratando de ser una grupo de *rock* latino", me dijo la difunta Ellen Moraskie, quien en ese entonces era la vicepresidente de música latina para Warner Chappell. "Y hubo un momento crucial, como un año y medio después, donde los íbamos a poner a tocar para un sello y les dije: 'Realmente no los veo como un grupo de *rock*. Creo que son más acústicos, más folclóricos, más orgánicos'. Y antes de esa presentación, dejaron a un lado las guitarras eléctricas y realmente fue un momento muy importante en la evolución creativa de Bacilos".

Varios caminos, una meta

Como con todo en la música, no hay un solo camino para ser firmado por un sello. El sueño de muchos artistas es ser firmado por una de las "Grandes": Sony, Universal, Warner. Pero la realidad es que los sellos disqueros son como la ropa: una misma talla no le sirve a todos. Hay artistas que firman con el primero que se les presente, y es completamente comprensible; no es fácil conseguir un contrato discográfico. Hay otros artistas que han decidido tomar un camino independiente a pesar de las generosas ofertas de una disquera. Y hay artistas que cambian de disquera múltiples veces en busca de la pareja ideal.

Lo importante para tener en cuenta en las primeras etapas de una carrera, es que si no se logra firmar con una disquera multinacional, no significa que el éxito no vendrá. Y una multinacional tampoco es garantía de éxito. Reitero una vez más: no hay un solo camino. Lo importante es encontrar el sello o la situación que más convenga a tu música en este momento particular.

¿Qué pasa, entonces, si una multinacional ofrece un contrato disquero? Para un artista nuevo o en desarrollo, es una gran opción, aunque no siempre la mejor ni la única. Pero sin duda, una multinacional ofrece muchísimas ventajas: presupuesto, alcance, influencia, maquinaria y distribución. En el mejor de los casos, los resultados pueden ser positivos para todos.

Hay artistas que han sido firmados con facilidad a las grandes ligas y, aparentemente, como por arte de magia. Luis Fonsi, por ejemplo, era un estudiante de música en Florida State University cuando decidió grabar un demo cantando en inglés y en español.

"Ni siquiera estaba buscando un contrato en ese momento", recuerda. "Es algo que hice porque sí". Pero, por cosas del destino, Fonsi se encontraba grabando en Miami en el estudio de Rodolfo Castillo, un conocido productor. Y en ese día en particular, se encontraba en el estudio Eddie Fernández, el entonces director de A&R de Universal Music Latino.

"Un tipo que estaba ahí que conocía a Eddie le dijo, 'Oye, ven escucha al hijo de mi amigo. Y Eddie no estaba buscando artistas ese día. Fue a escucharme como un favor. Y de pronto, este sello enorme dice, 'Hey, te queremos firmar. Te queremos dar un contrato'".

En ese entonces, Fernández ya era un viejo lobo de mar que había visto a muchos artistas y firmado a muchos otros. Su posición en Universal se debía a su "olfato" a la hora de reconocer éxitos y artistas. La primera vez que escuchó y vio a Fonsi, recuerda que vio a "un gran cantante con una personalidad agradable. Un tipo que cae bien. Y una voz espectacular con mucha calidez y mucha lágrima".

La historia de Fonsi suena como un cuento de hadas, al igual que las historias de tantos artistas que encuentran puertas abiertas gracias a conexiones o familiares famosos. Pero no se dejen distraer por estas excepciones. La verdad es que la mayoría de los artistas exitosos lucharon por obtener sus contratos discográficos o —como Fonsi— tuvieron que demostrar un talento o carisma excepcional, pero les tomó mucho más tiempo ser notados.

Pitbull, por ejemplo, no logró que una gran disquera lo firmara en sus comienzos.

"Fui a todos los sellos", dice. "Tanto del mercado americano como del mercado latino. Nadie me quería tocar. Pensaban que nunca iba a vender afuera de Miami. Yo rapeaba como un negro y no entendían eso. La cosa es que la gente estaba confundida. No entendían. Les ponía mi música y decían, 'Sí, sí, me encanta', pero nunca me volvían a llamar. Mi amigo Lil' John, cada *show* que tenía, si quedaba relativamente cerca —Orlando, Tampa— yo manejaba hasta allá, y él me dejaba montarme al escenario y hacer cuarenta segundos de *freestyle* y la gente se enloquecía. Y en esos *shows* yo entregaba CDs, camisetas con mi nombre, cualquier cosa que me representara. Y Brian Leach (el entonces director de A&R del sello independiente TVT Records) siempre me veía. Fui a New York y me reuní con Eminem, ¡con todo el mundo! Yo, personalmente. En ese viaje terminé en Hot 97 [la famosa estación de *hip-hop*] dos noches seguidas, con dos DJs distintos. Y Bryan Leach llamó a Lil' John y le dijo: 'No sé cómo este pinche enanito lo hizo, pero se vino hasta New York y estuvo en la radio dos noches seguidas'. Y así fue. Lil' John me ayudó. Brian Leach me ayudó y me firmó".

El camino de Pitbull tomó años. Otros son más cortos, pero no menos tortuosos.

El cubano Francisco Céspedes llegó exilado de Cuba a México y empezó a buscar disquera. Ninguna le hacía caso. Finalmente, armado con su guitarra, se sentó en el despacho de Warner Music México por un día, dos, tres, hasta que los ejecutivos de la compañía finalmente accedieron a escucharlo tocar… y lo firmaron.

Los Temerarios, por ejemplo, compuesto por los hermanos Adolfo y Gustavo Ángel, han vendido millones de discos. Pero al comienzo, cuando eran adolescentes, ninguna disquera los firmaba.

"Yo estuve llevando unos demitos a las compañías disqueras, y todos decían: 'Todo está muy bien, nada más regresa en febrero'. Y estábamos en marzo. Y como nadie nos quiso, decidimos hacer nuestro propio disco, y lo pagamos con lo que sacábamos en las tocadas. Nosotros promocionábamos y llevábamos los discos a la radio. Yo los llevaba a la discoteca y los dejaba en consignación y si se vendían cobraba. Entonces, cuando empezamos a vender cinco mil copias, que yo decía, a ver, mándenme otros mil, entonces se pusieron listos los de Sony, que en esa época era CBS. Fueron a donde vivíamos, y firmamos un contrato. Sin mirarlo. Dijimos, nada, órale, va. Pero ya habíamos hecho un disco anteriormente".

Mientras que algunas disqueras buscan un éxito ya comprobado, otras buscan un "algo" que los entusiasme, "algo" que diferencie a un artista de cualquier otro, "algo" que los obligue a mirar y escuchar.

"¿Qué busco?", pregunta Iñigo Zabala, presidente de Warner Music para América Latina, U.S. Latin y España. "Muchas cosas. Algo único. Busco compromiso; porque realmente no puedes poner toda la maquinaria sobre alguien que no cree en su carrera o en él mismo. La persona tiene que creer en sí mismo incluso de una forma loca. Este es un mundo salvaje, donde todos los vientos están en contra. Si no crees de manera ciega, no puedes. El artista tiene que saber escuchar, especialmente al principio de su carrera. Es muy difícil guiarte por ti solo en este negocio".

Hace más de diez años, en Nueva York, Romeo Santos y sus amigos tocaban bachata tradicional en fiestas y espectáculos hasta que un empresario les propuso un cambio de *look*.

"Primero éramos los *teenagers* de la bachata", Santos contó hace unos años. "Era la misma agrupación pero otro concepto. Nos vestíamos como pensábamos que nos teníamos que vestir para ser aceptados. Como hombres mayores con camisas brillantes y trajes. Pero en la vida real no nos vestíamos así. Usábamos jeans sueltos. Teníamos una señora que nos llevaba a los festivales. Y ella nos presentó a este señor [el empresario Julio César García]. Y él dijo: '¿Por qué no se visten como son ustedes en realidad? Ustedes son nacidos y criados en Estados Unidos y no hay ninguna razón por la cual deben tratar de ser alguien más. Traigan a las personas a *su* mundo. Ustedes no son bachateros comunes y corrientes'. Entonces, le hicimos caso. Él inventó el nombre de Aventura y el concepto. Al principio a mí ni me gustaba el nombre. Grabó el álbum, y cuando estaba listo, lo llevó a Premium Latin Music [el sello independiente que primero firmó a Aventura]. Y dijo, '¿Saben qué? Este es el grupo que tienen que firmar'".

La historia de Aventura ilustra la importancia de tener un representante con conexiones que agilice la manera en que se llega a un sello y asegure que tu música se escuche.

Con la llegada de los concursos televisivos, también han llegado muchos nuevos artistas. David Bisbal, por ejemplo, ganó su primer contrato con el sello independiente español Vale Music después de ser finalista en *Objetivo Fama*, un *reality* de la televisión española.

Ahora, Internet también ha cerrado la brecha entre los nuevos artistas y las disqueras establecidas, que cada vez miran el número de vistas en YouTube o el número de seguidores en las redes sociales, por ejemplo, como parámetro para decidir si firman o no a un artista. Uno de los casos recientes es el del bachatero bilingüe Prince Royce, quien como ya mencionamos, fue descubierto por el productor y disquero Sergio George gracias a las redes sociales y al final firmó con Top Stop Music, el sello independiente de George. Pero Royce llevaba mucho tiempo buscando ser firmado.

"Yo había golpeado todas las puertas y todos habían dicho que no", dice Royce. "Realmente era mi última opción".

Irónicamente, uno de los temas que Royce llevó en su demo fue "Corazón sin cara", una canción que más tarde se convertiría en un éxito radial. Pero en ese entonces, ningún sello lo volteó a mirar.

"Sencillamente me dijeron que no funcionaba. Me cerraron la puerta, y no, no fueron muy simpáticos".

El haber sido firmado inicialmente por un sello independiente, dice Royce, fue importante para su carrera.

"Te dan apoyo, te dan cariño. Muchos artistas se pierden en un sello grande. Los grandes sellos pueden invertir en un sencillo y si no funciona, te dejan ir. Con un sello independiente puedes entrar, y si realmente te apoyan, es una gran cosa".

Obviamente, el hecho de que Royce realmente cantara y que transmitiera con su voz fue lo que finalmente cerró el trato. No obstante, el mensaje es el mismo: un artista que busca un contrato lo logrará, de alguna manera u otra, si tiene la paciencia y el talento.

*L*OS CINCO CONSEJOS...
para firmar con un sello discográfico

• •

1. Graba un buen demo con tres temas contundentes.

2. Sé persistente: no te desanimes con el primer "no". Habrá muchos más antes que el sí.

3. Desarrolla un sonido y *look* distintivos.

4. Relaciónate bien; pide ayuda de un mánager, promotor, editor, abogado o alguien más que conozca a los directivos de los sellos.

5. Ten una historia que contar. Si ya vienes con muestra de fans, seguidores u otro tipo de éxito, serás mejor recibido.

CAPÍTULO 16

El contrato

$\mathcal{E}$s el momento de la verdad. ¡La disquera te quiere firmar! Escucharon tu música. Luego, te escucharon en vivo. Luego, miraron con cuidado tus enlaces en YouTube, Facebook y Twitter. Hablaron con tu editora, quien les aseguró que tenías todo el potencial del mundo para componer, que eres un poeta.

Queremos ofrecerte un contrato, te dicen. Queremos que seas nuestro artista exclusivo. Queremos apoyarte en todos los aspectos de tu carrera, y te queremos firmar a un acuerdo 360; es decir, tú nos das un porcentaje de todos tus negocios, incluyendo tus giras y tus patrocinios, y nosotros te damos todo nuestro apoyo. El contrato, te dicen, será por tres discos. Y luego, te entregan un contrato largo, larguísimo, de veinte, treinta, cuarenta páginas, donde mencionan una serie de derechos y regalías y obligaciones y anticipos y porcentajes, y no se entiende nada.

En este momento, debes tener a tu mánager a un lado y a tu abogado al otro. Porque incluso el mejor mánager no es tan experto como un abogado en cuestiones legales, y muchísimo menos en esta época de derechos digitales y el ya mencionado contrato 360. Pero, ¿para qué tener un abogado al empezar esta relación hermosa? Suena un poco como un acuerdo prenupcial, ¿no es cierto?

Quizás, pero un contrato es indispensable tanto para el artista como para la disquera. En el negocio de la música se compran y se venden emociones y artistas —no papas o carros— y los riesgos y volatilidad son altísimos. Un contrato es esencial para que ambas partes cumplan sus obligaciones, en las buenas y en las malas.

Si no tienes abogado, ahora es el momento de conseguirlo. Pero no puede ser cualquier abogado. Quienquiera que va a velar por tus intereses en esta industria debe ser un abogado de entretenimiento, especializado en el negocio de la música. Este puede ser el consejo más importante que contiene este libro. Por lo tanto lo repetiré:

Consigue un buen abogado especializado en el negocio de la música para revisar todos tus contratos y documentos legales.

Esto incluye no solo tu contrato con la disquera, sino también con la editora, la sociedad de ejecución pública, tu mánager, tu agente y tu promotor. Si cualquiera de estos jugadores no quiere que interfiera un abogado, no te conviene hacer negocios con él. Conseguir un buen abogado especializado no es tan sencillo como buscar en el directorio telefónico. Pide recomendaciones a tus conocidos en el gremio y, dado que este es un campo relativamente pequeño de profesionales, asegúrate de que no haya conflictos de interés entre tú y los otros clientes de tu abogado. Busca alguien que tenga un mínimo de trayectoria y experiencia en el campo y no dudes en preguntar quiénes son sus otros clientes. Bajo ningún motivo debes pedirle a tu primo o cuñado que son abogados comerciales o de bienes raíces, por ejemplo, que revisen tus contratos. Ni siquiera debes pedirle a tu amigo que se especializa en contratos televisivos que sea tu asesor jurídico. El negocio de la música tiene muchas particularidades que no se presentan en otras ramas. Asesórate bien.

Antes de que tu abogado revise tu contrato, cuéntale cuáles son tus objetivos y anhelos. Y piensa bien si te sientes cómodo y dispuesto a firmar lo que quizás sea el documento más importante de tu vida.

Erica Moreira, una abogada de entretenimiento especializada en música cuya lista de clientes incluye a Tego Calderón, Fat Joe y El Cata, ofrece dos consejos básicos antes de siquiera considerar una firma:

1. "Tienes que asegurarte que hay alguien en esa oficina —en el sello— que de verdad te apoya", dice. "Al final del día, lo que está sobre el papel es importante, y siempre vuelve a lo que está sobre el papel. Pero hay que tener a una persona que crea en ti".

A mi me encanta este consejo, aunque desafortunadamente, en estas épocas, el personal de las disqueras cambia con gran frecuencia. Pero la famosa "química" es vital para este negocio. Debe haber alguien en posición de autoridad (preferiblemente el presidente) que sea tu abanderado y que luche por tus intereses. Esto aplica no solo a los artistas en desarrollo sino también a los famosos. Recientemente, Alejandro Sanz, una de las estrellas más grandes de la música latina, terminó su contrato de muchos años con Warner y firmó con Universal en parte porque creía en Jesús López, el presidente de la compañía. Lo mismo sucedió con Jencarlos Canela, quien por primera vez firmó con una multinacional después de ser lanzado por una compañía independiente. Ambos artistas —ambos con varias ofertas sobre la mesa— se fueron a ese sello específico porque creyeron en la visión y el apoyo de la cabeza de la compañía. Carlos Vives firmó con Sony Music y Chayanne reanudó su contrato con la disquera porque querían trabajar con Afo Verde, el presidente de la compañía, un hombre cuyo nombre los artistas mencionan continuamente.

En alguna ocasión, un ejecutivo me dijo que los sellos disqueros multinacionales son grandes operativos donde todas sus partes fluyen, no importa quién esté a cargo. No es cierto. Los sellos disqueros manejan música y emociones, y las personas que trabajan en ellos tienen un rol absolutamente fundamental.

2. "Asegúrate que las realidades de tu negocio como artista estén reflejadas en el contrato. Por ejemplo, si eres un artista que realmente no vende álbumes, entonces el contrato no debe girar alrededor de los álbumes sino de los sencillos".

Otro gran consejo. Como he dicho antes y volveré a decir muchas veces en este libro, vender música y artistas no es igual que vender papas y carros. Pregunta cómo te van a trabajar y promocionar. Ahora es el momento para pedir cambios y concesiones. Una vez que firmas, pierdes la oportunidad de negociar.

Aunque muchos mánagers e incluso muchos artistas tienen relaciones adversarias con sus sellos, a quienes ven como una entidad cuyos intereses van en contra de los del artista y su música, yo no comparto esa opinión. Si tú firmas con un sello, tienes que pensar que el sello es tu mejor aliado, o por lo menos un aliado decente. Pues, si no confías en tu propio equipo, ¿cómo puedes pretender tener buenos resultados?

Las relaciones con las compañías disqueras son como los matrimonios: tienen altas y bajas. Pero siempre, siempre se regresa al contrato, que es el documento legal que asegura que las cosas sigan su rumbo, aunque imperfectamente. Toma ese contrato muy en serio. La historia está llena de demandas de disqueras contra artistas y artistas contra disqueras. Y aunque una acción legal debe ser el último recurso, suceden, y mucho más a menudo de lo que uno imagina. Quizás el caso más público en años recientes es el de Prince Royce, quien fue demandado por su sello Top Stop Music por incumplimiento de contrato y enriquecimiento ilícito. La demanda surge porque Royce quería firmar con otro sello y en tratar de evitarlo, Top Stop apeló a su contrato original. Por su parte, Prince Royce entabló una contrademanda, alegando que Top Stop ya no tenía derechos sobre él. Es el tipo de caso —como todos— que se podría resolver hablando, pero cuando hablar ya no tiene resultado, lo único que queda son los contratos y la interpretación de los mismos (en este caso, el asunto finalmente se resolvió). Por lo tanto, reitero: *asegúrate de tener un abogado que esté velando por tus intereses en todo momento y que revise tus contratos con atención.*

No te daré consejo legal en este libro, pero sí hay algunos puntos que debes tener en cuenta y sobre los cuales debes hablar con tu mánager y abogado. Entre los más importantes están:

- **El anticipo y el presupuesto de grabación:** El anticipo no es un regalo. Es una suma de dinero que el sello te entrega al momento de firmar para que tú puedas hacer tu trabajo: crear música. El anticipo es "recuperable"; es decir, antes de que tú puedas ganar regalías, debes recuperar al sello el anticipo que te dieron. Algunas veces, el anticipo y el presupuesto de grabación se juntan en una misma suma. Sea cual sea la situación, el contrato ideal debe incluir algún anticipo —por más pequeño que sea. Esto no solo demuestra que el sello tiene fe en tu trabajo, sino que también obliga al sello a hacer un mínimo de trabajo para recuperar su inversión.

- **Los presupuestos:** El contrato debe especificar el presupuesto de grabación del disco o sencillo, y el presupuesto de cada video o videos. Esto parece obvio —después de todo, ¿no te están firmando para grabar un disco?— pero no lo es. Si tú eres un artista que quiere grabar un álbum inmediatamente, versus sencillos, tu contrato debe indicar que hay un presupuesto para grabar este álbum y dar un monto. Cuida que el presupuesto que se te asigne sea factible; no te comprometas a entregar un disco por menos dinero del que tú sabes o piensas que se requiere. En cuanto al video, si no está especificado en el contrato, la disquera no está obligada a financiar uno o más videos. Al igual que con el disco, asegúrate de que este video tenga, por escrito, un presupuesto de producción.

En este momento lamento decirles que debo dar una dosis de realidad a todos aquellos que tienen sueños de estrellato. Hace diez años los presupuestos y los avances eran mucho más altos. ¿Por qué? Porque las disqueras vendían muchísimos más discos. Hoy en día, todos estos dineros van acorde al potencial de ventas del artista, y sea quien sea, ese potencial ya no es igual que antes. Siempre recuerdo la historia de un joven artista, originalmente firmado a una disquera multinacional que hizo un gran trabajo en convertirlo en estrella con su primer álbum. Pero luego de grabar sus dos o tres discos, el artista —por motivos que desconozco— partió caminos con su disquera (no sé si la disquera no quiso renovar su contrato o si él decidió no hacerlo). Pasó un año o dos, y una disquera independiente le ofreció al artista un contrato con un buen anticipo. El artista lo rechazó pues le pareció muy bajo el monto. Intentó conseguir otro mejor contrato pero no lo logró, y al año regresó a esta disquera. Pero ya no le ofrecían lo mismo. Dada la baja del mercado, la oferta era menor a la original y bajo distintas condiciones. Al final, el artista no firmó y hoy, más de cinco años después, aún no tiene contrato. La industria con la cual se volvió famoso en su momento cambió y ya no podía ofrecer lo que él quería.

- **Sé realista a la hora de firmar acuerdos:** No quiere decir que regales tu trabajo, pero sé consciente de las realidades del mercado y del hecho de que los dineros que se manejaban antes ya son difíciles de encontrar. Más bien, firma contratos que permitan renegociaciones en caso de éxito.

- **El contrato debe especificar algunas obligaciones de mercadeo:** Entre más nuevo el artista, menores las especificaciones. Pero, por lo menos, debe haber presupuesto para un video. Muchos contratos también especifican la promoción

radial. Esta es supremamente importante porque es supremamente cara. Dentro de lo posible, procura que el sello se com-
prometa, en el contrato, a promover por lo menos un sencillo
a la radio, si no más.

- **El aspecto "360":** Hemos mencionado el término "360"
  varias veces. Se refiere al nuevo modelo de negocios con las
  disqueras, donde ellas se quedan con un porcentaje de todos
  los negocios del artista, incluyendo las giras. Asegura sentirte
  bien con esos porcentajes, pues recuerda que también hay que
  pagar al mánager y al agente. Las disqueras argumentan que
  un contrato 360 justifica su gran inversión en desarrollar un
  artista. Tienen razón. Pero verifica que los porcentajes que le
  corresponden a la disquera se repartan después de pagados
  todos los gastos asociados con el negocio. De otra manera, tú
  como artista no solo no ganarás dinero, sino que quedarás en
  deuda.

  Recuerda que tu contrato es un documento legal. Si firmas
  un acuerdo por cuatro discos y decides que no estás contento
  después del primero, no puedes sencillamente levantarte e irte;
  por lo tanto, firma algo con lo cual te sientas cómodo. De lo
  contrario, estarás enfrentando una demanda legal.

Aun si tomas en cuenta todos estos puntos, aun si sigues las recomendaciones de tu abogado al pie de la letra, las cosas pueden no salir
bien. Moreira dice que el problema más grande que ve entre los artistas en desarrollo que firman contratos es que no entienden lo que han
firmado.

"Se emocionan tanto con el acuerdo que no se dan cuenta que si
lees muy de cerca el lenguaje, el sello tiene derechos, pero no tiene
obligaciones", dice. "Por ejemplo, he trabajado con artistas que entre-
garon su álbum pero el sello no lo ha lanzado. Por un millón de razones. Tengo artistas que hicieron su álbum, pero el sello ha lanzado

sencillos, poco a poco. Los artistas se emocionan tanto que sólo quieren firmar, y muchas veces no escuchan las explicaciones. Un sello puede aguantar tu álbum. También escucho a muchos artistas que dicen tener estas ideas maravillosas, pero el sello no trabaja con ellos y no los ayuda".

¿Qué hacer entonces? Moreira piensa que un artista en desarrollo no debe firmar con un sello hasta no tener una base sólida de fans y ventas. De esta manera, puede comprometer al sello a trabajar más por su carrera, pues está entregando algo ya armado.

Pero hay artistas que quieren un sello, sea por cuestiones económicas o de estructura, ya que conformar un equipo de trabajo sin un sello es costoso. Como dice Moreira, analiza tus objetivos y toma el camino por el cual pienses que mejor los puedes lograr. Pero siempre escucha a tu abogado.

*L*OS CINCO CONSEJOS...
para firmar tu primer contrato discográfico

1. Consigue un abogado especializado en la industria de la música.

2. Analiza tus objetivos.

3. Asegúrate de tener un "amigo" dentro de la disquera.

4. No te amarres a largo plazo.

5. Si vas a ceder derechos, asegura que recibirás algo a cambio (sea dinero o presupuesto).

CAPÍTULO 17

Toma las riendas de tu carrera

*P*ese a todos tus mejores esfuerzos, no has logrado obtener un contrato disquero. ¿Es hora de cambiar de carrera? ¡Claro que no! Hasta hace diez años, no tener disquera era problemático y costoso. Grabar era caro. Imprimir un disco era caro. Distribuirlo a las tiendas era imposible. Hoy en día, existen los estudios caseros y el programa Protools. Existe YouTube para la difusión de videos. Existe la distribución digital. Hoy en día, un creciente número de artistas que no tienen disquera crean la suya propia y hacen su negocio a su manera.

Raymond Ayala, mejor conocido hoy como Daddy Yankee, era un jovencito rapero que grababa *mixed tapes* y los vendía en las calles de Puerto Rico. Cuando el *reggaeton* empezó a invadir su isla, Yankee encontró su nicho y buscó un sello para llevárselo al mundo. No lo encontró.

"Al principio de mi carrera, como no conocía el negocio, pues obviamente quería firmar", recuerda. "Pero muchos de nosotros nos convertimos en negociantes a la fuerza. Porque nadie creía en artistas de *reggaeton*. Nadie creía en el género. Uno mismo tenía que manufacturar las copias. Uno mismo tenía que distribuir. Y una vez que aprendes a hacer todo eso, no hay necesidad de firmar con una disquera. Claro.

Tú quieres ser famoso y que tu música la escuche el mundo entero —yo lo quería hacer. Pero, a la misma vez, yo era realista. Yo sabía que el nicho nuestro no era tan grande. Yo sabía que si firmaba con una disquera, el público estaba ahí, pero no eran masas de público. Y al yo mismo manufacturar y distribuir mis copias, yo mismo me hacía el dinero yo solo".

En lugar de firmar con una disquera, Yankee creó su propio sello, El Cartel Records. Con El Cartel grabó y sacó su música al mercado. Cuando quiso que su música viajara a más lugares, incluyendo Estados Unidos, Yankee firmó un acuerdo de distribución con una multinacional. Gracias a ese acuerdo, la música de Yankee se pudo vender en todas partes del mundo, y en Estados Unidos se empezó a conseguir en tiendas como Walmart y Target. ¿El resultado? Su álbum *El Cangri* fue el más vendido de 2002 en el país, según la revista Billboard y Nielsen SoundScan.

Los artistas que empezaron haciendo todo solos son muchos. Jenni Rivera, la "Diva de la Banda", que murió trágicamente en diciembre de 2012, creció en una familia musical; su padre tenía su propio sello independiente, Cintas Acuario, donde ella grabó esos primeros discos por su cuenta. Su intención inicial no era venderlos. Ya, cuando se generó un interés, firmó un contrato con Fonovisa, una disquera que comercializó su música, la mercadeó y la hizo famosa. Pero a diferencia de la mayoría de los artistas que firman contratos disqueros, Rivera nunca cedió propiedad de sus másters o grabaciones.

"¿Qué te puedo decir?", me dijo en alguna ocasión. "Mi papá me enseñó bien".

Se puede decir que, de alguna forma, Rivera gozó de lo mejor de ambos mundos: era dueña de sus grabaciones, pero tenía el apoyo total de una gran compañía de discos.

Pero, ¿qué pasa cuando no hay sello, ni distribución, ni dinero? Hoy en día, el artista lo puede hacer todo solo, y empezar a forjar camino hasta encontrar el siguiente peldaño que le permita escalar a mayor popularidad. Es importante este punto, porque es algo que antes no existía. Rivera pudo grabar sus propios discos porque su padre tenía una disquera —así fuera pequeña— y la infraestructura para hacerlo. La mayoría de las personas no tenían acceso a este tipo de facilidad.

Pero hoy en día, los artistas sí tienen la capacidad de grabar de forma completamente independiente; los costos lo permiten. Y una vez que toman ese primer paso, hay maneras de mercadear y comercializar su música.

Un servicio que permite empezar literalmente de cero es CD Baby, una compañía que distribuye, vende y mercadea música trabajando directamente con el artista. CD Baby cobra una suma mínima de dinero por vender y distribuir producto físico (si alguien ordena su CD desde Londres, por ejemplo, CD Baby se encarga de enviarlo, como lo hace Amazon) y por digitalizar la música para venderla en su sitio. Cada mes, la compañía envía regalías directamente al artista.

La ventaja de un servicio como CD Baby es que, aparte de vender la música digitalmente desde su sitio, también ofrecen la posibilidad de distribuir a otras tiendas digitales.

CD Baby no es el único servicio ni medio que existe. El término "Direct to Fan" —o directo a los fans— es uno que se escucha más y más a menudo en el ámbito musical. Mediante servicios como Pledgemusic, por ejemplo, los artistas pueden recaudar capital directamente de sus fans para producir y sacar su disco.

También está Kickstarter, el sitio web que permite que las personas soliciten fondos para sus proyectos creativos, incluyendo proyectos musicales. Por medio de Kickstarter, el artista (o músico en este caso), ofrece beneficios o recompensas a cambio de fondos para llevar a cabo el proyecto. Por ejemplo, por una suma específica de dólares, recibe un sencillo gratis, o una copia autografiada de un disco. El artista debe colocarse una meta financiera realista; si no alcanza la meta debe regresar el dinero. Pero el tener ese tipo de presión obliga a los artistas a ser ingeniosos, y el 44% de los proyectos de Kickstarter han llegado a sus metas. Quizás más importante, estos servicios obligan al artista a realmente a conectar directamente con el fan y darle exactamente lo que quiere.

Pero no acaba ahí. Mientras que hace una generación ser artista significaba sacar un disco, hoy significa sacar un sencillo. Y otro. Y otro.

Tomen el caso de Cali & El Dandee, el dúo de pop/urbano compuesto por los hermanos Mauricio y Alejandro Rengifo, a quienes mencionamos anteriormente. Alejandro era estudiante de secundaria, Mauricio estudiaba música en la Universidad de los Andes y tenía el equipo casero necesario para producir temas de cierto nivel; no completamente profesionales, pero suficientemente sólidos como para subir a YouTube. A la vez, los hermanos amenizaban fiestas de colegio en Bogotá durante los fines de semana. Sin saberlo, estaban construyendo su base de fans. En esas tocadas, interpretaban música de otros y música propia, incluyendo el tema "Yo te esperaré". Les cambió la vida, sin sello y sin nada.

"Antes de sacar la canción habíamos hecho una maqueta mal hecha, y cuando nosotros volteamos a ver tenía ocho millones de *views* en YouTube", contó Mauricio en 2012. "Yo te esperaré" llevó a los hermanos a firmar con una editorial y, finalmente, con una multinacional.

Pero antes de que eso sucediera, el solo ímpetus de la canción ya les estaba dando dividendos con sus *gigs* en vivo, por los cuales los hermanos cobraban.

Ahora bien, ¿qué sucede si haces todo por ti solo y decides no firmar con una disquera —nunca? *No* es un camino fácil; no puedo mentir. A los periodistas como yo nos encanta hablar de los éxitos independientes, porque demuestran que hay distintos caminos, y no hay nada mejor que tener distintos caminos. Pero el camino enteramente independiente es duro, más no imposible.

En 2012, la artista punk/roquera Amanda Palmer utilizó Kickstarter para recaudar fondos para producir, grabar e imprimir su nuevo álbum. A cambio, le pidió a los fans que contribuyeran dinero, desde unos pocos dólares hasta $10.000 (los cuales resultarían en un concierto privado y una pintura de Palmer, quien también pinta además de cantar). Su meta eran $100.000, y consiguió $1 millón. Fue histórico, y en una fotografía publicada en su página de Kickstarter, Palmer muestra un aviso que dice: "Este es el futuro de la música".

Pero, ¿lo es? Palmer es una gran excepción a la regla. Ningún otro artista —es más, ninguna otra persona— ha recaudado $1 millón en Kickstarter o en cualquier otro medio parecido. En lo que Palmer *sí* tiene razón es en que este es el futuro de la música. Es un futuro donde el artista, no importa cuán grande o pequeño sea, debe estar más activo que nunca. Y esto es particularmente cierto de los artistas que no tienen sello. O hacen todo solos, o consiguen un equipo que los ayude.

Quizás el éxito independiente más grande que existe en el mercado ahora es aquel de Ricardo Arjona, quien en 2011 dejó a un lado su contrato discográfico con una multinacional, creó un equipo de trabajo y grabó y lanzó su álbum *Independiente*, independientemente (aunque con distribución de Warner Music en todo el mundo).

¿Qué hizo Arjona exactamente? Primero escribió grandes canciones. Luego, consiguió grandes productores y grabó un gran disco. Contrató un equipo de promoción para que trabajaran sus sencillos en radio. Contrató un equipo de prensa y *marketing*. Contrató un mánager. Y supervisó todo.

"Hay que verlo de esta manera", dice Arjona. "El asunto de la música y de los discos y de las discográficas es que en algún momento van a parar, convirtiéndose en lo que prácticamente son, que es un servicio para las giras de los artistas. La manera en la que haces trascender un disco —y la posibilidad que existe de poder, a través de la música, de los discos y de las ideas que se generen alrededor— es el poder atender ciertas expectativas que se salen del fuero de lo común que ha sido desde siempre. Las disqueras tradicionales venden circulitos de plástico y pocas veces se salieron de ahí. Pero descubrirle otros caminos de la música para lograr a través de eso la sobrevivencia es fundamental. Las disqueras están conformadas o estuvieron siempre conformadas desde el principio de sus tiempos e hicieron grandísimos negocios de una estructura que era proveedora de servicios. Hoy, de los servicios que ofrecían hace veinte años, estoy seguro que no dan ni el 5% de los servicios. […]Yo estoy dedicado en un 200% a defender mi trabajo. Porque eso es de lo que yo me quejaba. Yo lo que sé es que esta disquera le ha prestado un servicio a mi música como nunca lo tuve. Y si gané o perdí, o si esta disquera ganó o perdió, me parece que ha sido un buen negocio".

Hay que tener en cuenta que la principal razón por la cual Arjona tuvo acceso al éxito independiente es porque ya venía con una gran fama encima, lograda después de muchos años de estar firmado con una disquera multinacional que lo trabajó sin cesar. En otras palabras, tener éxito independiente es mucho más fácil cuando uno tiene dinero y un bagaje detrás. Pero no hay duda cuando Arjona dice que "su" disquera le ha prestado un servicio a su música como nunca lo tuvo. Ninguna disquera y ninguna persona prestará tanta atención a tu música como tú mismo. Es *tu* deber lograr que tu música empiece a escucharse. Es *tu* deber ser tu principal promotor y trabajador y echar tu carrera a andar.

Lo más importante que debes recordar es que puedes hacer todo esto aun sin una disquera. Las posibilidades son infinitas. Un artista puede firmar con un sello, puede firmar con una distribuidora o puede firmar con nadie, y aun así dar a conocer su música. Si tú perteneces a aquel selecto grupo de artistas que tienen la suerte de poder escoger su situación, felicitaciones. Si tú perteneces a ese grupo más grande de artistas que se están abriendo camino por sí solos, también felicitaciones, porque quizás por primera vez en la historia, es posible llegar al estrellato por esta vía.

Mira el reciente ejemplo de Joey Montana, el artista panameño conocido por su mezcla de pop y *reggaeton*. Montana, quien en el momento en que comencé a escribir este libro todavía era considerado un "artista en desarrollo", al final firmó con una disquera multinacional (Capitol Latin, que después fue adquirida por Universal) y entró a los listados de Billboard. Hoy está firmado a Universal Music Latino. Pero antes de lograr su posición en los listados, hizo todo por sí solo.

"Yo empecé en Panamá en 1999 con La Factoría [el grupo urbano] y estuve con ellos hasta 2004 o 2005", dice Montana. "Cuando salí, quise independizarme y empezar una carrera con mis propias producciones y mis propios medios, y empezar solo; no estar con una compañía, sino empezar mi propia compañía. Empecé en 2005 en Panamá y viví dos años en Houston. De ahí me mudé a Panamá y empecé mi carrera como solista con Predicador, quien es mi productor. Le dicen así porque vendía biblias y después de vender biblias se iba al estudio. Es uno de los productores más conocidos de Panamá. Hizo todo el disco de Flex y trabajaba con Daddy Yankee.

"Entonces yo mismo financiaba mi compañía. Pagaba mi ritmo, mis producciones. En Panamá me decían y me siguen diciendo el dueño del negocio. Yo me pagaba todo. Y gracias a Dios logré crear mi propio sello".

Montana, con el tiempo, empezó a recibir ofertas de distintas compañías, hasta que finalmente llegó Capitol, firmó con ellos y dejó de ser dueño de su negocio.

"En Panamá somos un país de tres millones de habitantes. Y, gracias a Dios, trabajando duro me convertí en uno de los artistas más importantes", cuenta, explicando su decisión. "Yo podía llegar a Panamá, Honduras, Guatemala, pero necesitaba el apoyo de alguien internacional que, por ejemplo, me ayudara a *chartear* en Billboard, que siempre había sido un sueño mío. Ya estoy en Billboard, que es lo importante. Son metas que no pensé que iba a lograr. Y gracias a Dios y a Predicador, he tenido el apoyo. Y para mí eso es súper grande".

Montana empezó independiente y firmó con una multinacional.

Arjona estaba con una multinacional y se convirtió en independiente. Ambos caminos tiene sus virtudes. Y, como he dicho muchas veces en este libro, no todos los artistas son iguales y no todos tienen las mismas necesidades. Entonces, si no encuentras quién te dé lo que necesitas como artista, hazlo tú. Toma las riendas de tu propia carrera.

LOS CINCO CONSEJOS...
para tomar las riendas de tu carrera

1. Sé incansable: Nada vendrá solo. Todo hay que buscarlo y pelearlo.

2. Pide favores: Si no tienes tu propio estudio, pide a tus amigos que te ayuden.

3. Sube videos a YouTube: Un video lírico no cuesta nada.

4. Apóyate en CD Baby o en un servicio parecido.

5. Promociónate: Toca en vivo y construye tu base de fans.

CAPÍTULO 18

La distribución

*D*addy Yankee tiene su propio sello. Ricardo Arjona tiene su propio sello. Pitbull tiene su propio sello. Pero a pesar de ser reyes de la independencia, estas tres superestrellas de la música latina tienen contratos de distribución con compañías multinacionales.

Y, ¿qué es un acuerdo de distribución? Es un contrato con una compañía que se encarga de distribuir el producto musical al mayor número de canales posible, desde pequeñas tiendas a grandes almacenes y también a tiendas digitales. La distribuidora se encarga de empacar los álbumes y distribuirlos a distintos centros de entrega. Ella es la que vende y cobra y la que pelea por un lugar en las tiendas. La distribuidora también envía la música no solo a una sino a muchas tiendas digitales.

Una distribuidora puede manejar desde docenas a cientos de discos al año, y tiene el peso para empujar a que su producto se coloque en los estantes de las tiendas. Sin distribuidora, no es posible llegar muy lejos, pues la complicada logística de la distribución no permite la comercialización a gran escala sin ella.

Asimismo, es imposible cobrar a gran escala por la venta de tus discos sin un acuerdo de distribución. Si tu producto se vende en muchas tiendas y además en línea por iTunes u otras tiendas digitales, la distribuidora —no el sello— es la encargada de vender y cobrar. Sin una compañía de distribución, el artista literalmente tiene que ir de almacén en almacén, no sólo ofreciendo su música, sino físicamente vendiendo y cobrando por ella.

"Es muy sencillo: Necesitas que te paguen", dice el productor Sergio George, explicando por qué es necesario tener buena distribución. "Aunque hoy hay pocas tiendas, un distribuidor multinacional tiene más artistas y tiene la palanca para lograr posicionamiento y que te paguen. Necesitas un distribuir con influencia. Necesitas alguien que conteste tus llamadas. No necesitas un sello multinacional, pero sí necesitas distribución. No es algo que puedas hacer desde el garaje de tu casa".

Los acuerdos de distribución funcionan de muchas maneras. Un artista en desarrollo que necesita distribución puede hacer un contrato sencillo donde da un porcentaje de sus ventas a la distribuidora. Un artista establecido puede cobrar un generoso avance por los derechos de distribución, parecido a lo que haría con una disquera. De hecho, los acuerdos de distribución —al igual que los acuerdos disqueros— son todos diferentes y es importante buscar la distribución apropiada para el producto apropiado. Las grandes compañías de distribución, por ejemplo, distribuyen toda suerte de música. Pero tienen departamentos que se especializan en distinto repertorio. También hay compañías de distribución más pequeñas que se especializan en cierto tipo de música, como música clásica, música infantil o *rock*. Busca la compañía que sepa trabajar tu repertorio.

Yankee, por ejemplo, ha tenido muchos acuerdos de distribución durante su carrera y cada uno ha sido distinto. Uno de ellos fue con EMI en 2012. Ese contrato en particular tuvo mucho que ver con sus objetivos en lugares como Europa.

"Me hicieron una oferta muy tentadora económicamente", dijo, explicando su decisión de firmar con la compañía en ese momento.

"Y, además de que soy un sello independiente, la distribución son diez pesos aparte. Para nosotros, distribuir en el mundo entero es imposible. Teníamos que hacer una alianza".

Una vez que la distribuidora recupera su avance por ventas, empieza a pagar un porcentaje de regalías al artista según el contrato que se haya negociado. Si no hay un avance de por medio, las regalías se pagan inmediatamente, usualmente cada seis meses.

No es difícil obtener contratos de distribución siempre y cuando se le presente a la distribuidora un producto de calidad y un plan de trabajo serio. La distribuidora, además, tiene mucha más flexibilidad que un sello y muchas veces está dispuesta a elaborar contratos "a la carta" para cada artista o sello independiente según sus necesidades.

Al igual que hay sellos independientes y multinacionales, también hay distribuidoras independientes y multinacionales. Un artista firmado a un sello multinacional necesariamente se maneja a través de su distribuidora. Hay artistas que están firmados a sellos independientes y se distribuyen a través de una multinacional. Hay artistas firmados a sellos independientes que son distribuidos por una compañía independiente.

En estos casos, al igual que con los sellos, la diferencia más grande radica en el alcance. Una distribuidora independiente usualmente opera en un solo país o región. Por lo tanto, es necesario negociar distintos acuerdos de distribución por territorio o país.

Una de las distribuidoras independientes más activas en el ámbito latino en Estados Unidos es Select-O-Hits, una compañía basada en Memphis y fundada hace más de cincuenta años. Aunque por mucho tiempo la especialidad de Select-O fue el *blues* y el *country*, en la última década han expandido su negocio latino y ahora distribuyen música de muchísimos sellos latinos independientes en todos los géneros, desde regional mexicano hasta urbano.

"Principalmente, lo que hacemos es fabricar y distribuir y organizar las promociones de los artistas dentro de las tiendas", dice Johnny

Phillips, el fundador y presidente de la compañía. "Trabajamos con sellos y artistas que saben que pueden trabajar el producto ellos mismos [sin necesidad de un gran sello]. Realmente lo único que necesitan es alguien que se los venda. Si también manufacturamos el producto, les queda un poco más de dinero para promocionar en la radio y girar. Nosotros hacemos todo lo que hace una multinacional, excepto la promoción".

Aunque Phillips siempre busca que su negocio crezca, no firma al primero que se le presente por delante. Él analiza cuidadosamente planes de trabajo y *marketing*, busca antecedentes de ventas y, claro, busca calidad. "No me gusta sacar un álbum sólo por sacarlo", dice. "Si lo vamos a hacer, vamos a asegurar que sea el mejor producto que puede ser".

Si un artista opta por distribución independiente —por necesidad o porque decide que esa es la mejor opción— es importante que busque la compañía que mejor se adecue a sus necesidades. Es necesario tener una distribuidora con cierto peso e influencia en el mercado, para que pueda llevar al producto a las tiendas necesarias, al igual que lo haría una multinacional en ese mercado en particular (y, sin duda, hay distribuidoras independientes que hacen un mejor trabajo que una multinacional con ciertos productos). Además, hay que determinar cuál es el objetivo de venta y a quién va dirigido el producto.

Hay distribuidoras que se especializan en el mercado digital, como The Orchard, una compañía que se especializó en distribuir música independiente desde los comienzos del mercado digital. Hoy en día, The Orchard opera en todo el mundo y —gracias a la plataforma digital— puede distribuir canciones o álbumes enteros en todo el mundo a través de muchas tiendas digitales, con un solo contrato.

Entonces, ¿cómo se consigue un contrato de distribución? Hacerlo es mucho más fácil de lo que imaginas. A diferencia de una disquera, una distribuidora no está invirtiendo grandes cantidades de dinero en grabar o promover un álbum. Aunque hay contratos de distribución que dan avances (al tratarse de un Daddy Yankee, por ejemplo), en muchos casos, la distribuidora puede operar con muy pocas obligaciones; un contrato de distribución se puede limitar sencillamente a distribuir el producto a las tiendas y cobrar por su venta. Punto. Por lo tanto, a muchas compañías de distribución les conviene tener un gran número de clientes.

Pero primero, ten un producto serio y sólido en tus manos. Ten una buena página web (indispensable, pues es lo primero que busca una compañía que no conoce tu música) o una buena página de Facebook o Myspace. Ten fanáticos que te siguen. Ojalá estés presentándote con regularidad en algún lugar o lugares, pues eso indica que tienes una base de fans. Aunque las compañías de distribución buscan activamente nuevos clientes para distribuir, no van a tomar un producto que sólo lo va a comprar tu mamá o papá. Debes convencerlos de que tienes un grupo de fans comprometidos e interesados en tu música, así sea pequeño. Entre más antecedentes tengas, más opciones de distribución.

Llama a las compañías que te interesan. Llena las hojas de contacto que tienen las compañías como The Orchard en sus páginas web. Ten un plan de promoción y *marketing* para mostrar. Si tu ambición es ser un artista internacional, te aplaudimos, pero sé realista. A menos que tengas una base de fans internacional o un sello que te apoye en ciertas regiones, al comienzo distribuye tu producto en otros países sólo de manera digital. También puedes negociar distintos acuerdos de distribución en distintos países. Esto es muy común y muy práctico, especialmente para los artistas en desarrollo. Aventura, en sus comienzos, tenían distribución multinacional sólo en Estados Unidos. En Europa negociaron acuerdos distintos en distintos países y lograron éxito en distintos lugares.

Finalmente, no distribuyas tu producto a gran escala hasta no estar listo para hacerlo. La mejor distribución del mundo no significa nada si no hay un trabajo de mercadeo y promoción detrás. Si estás vendiendo tus discos en el bar donde tocas los viernes, considera distribuir a nivel local, en tu ciudad. Una vez que tu música empiece a "viajar", sea por Internet, la radio o mediante conciertos y presentaciones, entonces ya puedes tener cabida para buscar más y mejor distribución. Recuerda, no sirve de nada gritar si no hay nadie alrededor que te escuche.

"Puedes tener el mejor producto del mundo, pero si no tienes un plan, un sello empujando, una red de apoyo, no puedes hacer algo grande con ese producto", me dijo Romeo Santos hace algunos años, cuando era miembro de Aventura.

"Todo tiene que ver con la distribución. Por ejemplo, si Coca-Cola dejara de hacer comerciales, ¿vendería lo mismo? Aventura empezó a tener apoyo en Europa porque, a pesar de que estábamos firmados a un sello independiente, nos empujaron. Había un *underground buzz* increíble con Aventura. Y estos tipos se dieron cuenta que en la República Dominicana, Aventura era un fenómeno. Y dijeron, 'Vamos a empujar este disco', y explotó. Es interesante analizar nuestra carrera y ver en qué momento se disparó. Definitivamente tuvimos altos y bajos, pero hemos estado escalando arriba, arriba, arriba".

*L*OS CINCO CONSEJOS...
para distribuir
• •

1. Busca la compañía que mejor se acople a tu género de música.

2. Negocia un buen precio y regalía para tus discos.

3. Si tienes tu propio sello, considera una compañía que también brinde *marketing* y promoción.

4. Asegúrate de tener distribución digital.

5. Si tu distribuidor no tiene operaciones a nivel mundial, retén los derechos para distintos territorios.

CAPÍTULO 19

El disco ideal

*H*emos hablado mucho en este libro sobre el negocio de la música. Hemos enfatizado que es un *negocio*, y que, como tal, el talento es apenas una parte de la ecuación, y muchas veces ni siquiera la parte más importante.

Pero lo que es indiscutible es que nuestro negocio es la música, un producto intangible, sin utilidad medible, que no es indispensable para nuestro sustento, como lo es la comida, la ropa, la educación, la salud o la vivienda. La música es el producto de un proceso altamente emocional y su objetivo inmediato y a largo plazo es generar y afectar esas emociones. Muchos grandes artista dicen que hay dos tipos de música: buena y mala. Pero la realidad es que el éxito musical se mide menos por la calidad que por el impacto visceral en el oyente, y este impacto es profundamente subjetivo; lo que le gusta a una persona puede no gustarle para nada a otra.

Según la compañía de medición Nielsen, en 2011 se lanzaron 75.000 álbumes en Estados Unidos, incluyendo álbumes digitales y físicos. Ese número representa un 22% menos que los 96.000 álbumes lanzados en 2009 y otro tanto menos que los 106.000 álbumes lanzados en 2008, el año en que más álbumes musicales fueron sacados al mercado.

Pensemos entonces. Si sacamos un álbum al mercado este año, estaremos compitiendo con 74.999 lanzamientos más; 74.999 grabaciones de todo tipo de música —desde danzas indígenas y gaitas irlandesas hasta música clásica y el pop de Lady Gaga, el rap de Eminem y la bachata de Romeo Santos competirán con nuestro disco en una cacofonía de sonido que puede ahogar hasta el más fuerte de los gritos.

He dicho a lo largo de este libro que el éxito en la música depende de miles de factores, incluyendo la promoción, el *marketing*, la radio, la distribución y la suerte misma.

En el fondo, sin embargo, la materia prima y el factor X —el gran diferenciador— son la música misma y el artista. Un tema se puede tocar millones de veces en la radio. A un álbum se le pueden invertir millones de dólares en promoción. Pero, al final del día, nadie puede obligar a nadie (a menos que sea tu novio, novia o familia inmediata) a pagar por música que no quiere.

Tu primera preocupación como artista es hacer la mejor música que puedas. Y a menos que hayas decidido solamente grabar y producir sencillos individuales, tu gran obra será tu disco. Hay discos que toman semanas. Hay discos que toman años. Tomen lo que tomen, recuerda que serán el legado que dejarás detrás, luego cuida muy bien lo que grabas.

Aunque hoy en día han cambiado los métodos de promoción, mercadeo y distribución, la mayoría (y nota que aclaro que son la mayoría —no todos) de los discos, sean discos digitales o físicos, incluyen un primer sencillo que sirve de punto de partida para que el que escucha luego quiera "descubrir" el resto del disco.

Hemos hablado mucho en capítulos anteriores de qué constituye una buena canción y un buen sencillo. Pero un buen disco en su totalidad es diferente y debe ir más allá de solo uno o más sencillos.

La importancia del disco, dice Simón Mejía, fundador del grupo de electro-cumbia colombiano Bomba Estereo, es personal, y va más allá del éxito y de las ventas.

"Uno como artista lo concibe, y lo hace de una manera muy íntima, y es como un proceso muy del músico, de estar en el estudio y de generar esos sonidos y ya después se vuelve una carta de presentación. Y espero que eso no se pierda; que no se pierda el amor por hacer un disco, y el arte de un disco".

Aunque hoy en día existe una cultura del sencillo, eso ha hecho, irónicamente, que los álbumes sean mejores que nunca. Lejos están los días en los cuales tocaba comprar un álbum solamente para tener ese sencillo que sonaba en la radio. Hoy, los discos que venden son aquellos que tienen más de un sencillo o que tienen muchas canciones que motiven al fan a gastar su dinero.

"La gente quiere comprar álbumes", dice el productor Sergio George. "No lo van a hacer por un solo tema. Ahora tienes que entregar un gran álbum para poder vender. Al tener la radio y otros medios [como medios digitales] puedes probar tu material en el mercado. Antes, grabábamos un sencillo y lo colocábamos en la radio cuatro semanas antes de la salida del álbum y eso era todo. El proceso tomaba solo unos meses".

Hoy en día puedes medir la viabilidad de tus temas en Internet, en YouTube, en la radio, en Spotify, en Facebook, y puedes ir decidiendo qué funciona y qué no. Pero más allá del aspecto comercial o de mercadeo, yo me atrevería a decir que nunca se han tomado los discos como obras más en serio que hoy en día, por lo menos en el mundo latino. Por mucho tiempo, en las décadas de los setenta, ochenta e incluso hasta los noventa, muchas de las grandes estrellas latinas eran cantantes que sencillamente entraban al estudio a grabar lo que sus productores y su disquera escogían y decían (y aquí aclaro que "muchas" no son "todas"). Una vez terminada la puesta de voz, se desentendían de la selección del sencillo y el orden de los temas, y ni hablar de la mezcla o la masterización.

Hoy en día, los más grandes artistas están involucrados en la producción de sus álbumes de principio a fin, cuidando los más pequeños detalles. Un buen ejemplo de ese compromiso es la banda mexicana Maná, cuyo álbum *Drama y Luz* de 2011 se retrasó más de seis meses en salir porque los miembros del grupo sencillamente no pensaban que estaba listo.

"Teníamos un plazo un poco apretado para entregar el disco", dijo en ese momento Fher Olvera, el cantante del grupo. "Bueno, era un plazo de mierda", agregó riéndose. "Nosotros no teníamos las canciones terminadas y la compañía quería sacar el disco para la venta de Navidad. Y fue un acierto no haberlo hecho. Y a lo último, la compañía comprendió que Maná no era un grupo que fuera ni flojo ni que nos estábamos emborrachando en las Bahamas. Al final vimos la fotografía y no nos pareció que estuviera terminada".

A pesar de que ya tenían doce temas terminados, Maná sintió que faltaban dos temas más para terminar el álbum. Y el grupo no entregó la obra complete hasta no tenerlos todos y estar convencidos de que el disco estaba en su punto.

"Nosotros dejamos que el tiempo corra y lo hacemos a fuego lento", agregó Fher. "Muchos artistas no lo hacen así porque no quieren gastar la pasta. Pero nosotros sí sentimos que tenemos que hacer lo mejor".

Lo mejor significa no solo grabar buenas canciones, sino también prestar atención al ritmo y dirección del disco. Cuidar que una canción lleve a la otra; que no estén pegados dos temas que suenan iguales, que la mezcla y los volúmenes se mantengan parejos de tema a tema, que haya un comienzo y un fin.

Esos detalles cuestan dinero. No estamos hablando de millones, pero tampoco es algo que se pueda hacer bien en el *home studio* con una sola persona produciendo, grabando, mezclando y masterizando;

realmente no lo es. Y lo reitero porque hay tantas personas que piensan que sí pueden hacer todo ellos solos con los nuevos equipos caseros. No se engañen. No va a sonar bien.

Pero, al mismo tiempo, hacer un gran álbum tampoco debe costar una fortuna. El primer álbum de Prince Royce, *Prince Royce,* fue hecho con un presupuesto modesto y se convirtió en el álbum latino más vendido de 2010.

En 2013, cuando Prince Royce grabó *Soy el mismo*, ya estaba firmado con Sony y, con un presupuesto más grande, pudo buscar mejor calidad.

"El álbum suena más grande, más lleno. La calidad es mejor. No estaba botando el dinero, pero estaba haciendo lo que tenía que hacer para llevarlo al siguiente nivel", dice Prince Royce. "Todos los instrumentos fueron grabados en vivo. No hay secuencias".

Puede ser que estés en un momento en tu carrera donde con tu presupuesto y tu música puedes hacer lo que tú consideras tu álbum ideal. O puede ser que tengas la música pero no el presupuesto, o el presupuesto, pero no la música. Cualquiera sea tu situación, recuerda también que llega un momento en el que quizás tengas que reconocer que podrías trabajar para siempre y jamás llegar a la perfección que buscas. Es importante cuidar los detalles, pero tampoco dejes que los detalles te agobien porque, de lo contrario, nunca terminarás el disco de tus sueños.

O como bien lo dijo Fher Olvera de Maná: "Sting dice que algún día hay que abandonar las canciones, y es cierto".

*L*OS CINCO CONSEJOS...
para grabar el disco perfecto

1. Ten un gran sencillo como punto de partida.

2. Incluye más de un sencillo. Sondea su aceptación en radio y redes digitales.

3. Cuida la calidad de producción.

4. Busca una coherencia en el contenido, orden y flujo de los temas.

5. No te dejes agobiar por los detalles. Termina.

CAPÍTULO 20

Caminante
no hay camino...
se hace camino al andar

$\mathcal{A}$ estas alturas tu cabeza debe estar dando vueltas de tanta información. Hay tantas cosas por hacer y tanto camino por recorrer.

Como dije al comienzo de este libro, el éxito en la música depende de mil factores, algunos que controlas tú, y muchos otros que están en manos de otros y del azar. Está tu talento, tu tenacidad, tu positivismo, tu carisma, tu esfuerzo.

Y luego está tu disquera, los medios, la promoción que te dan, el mercadeo, el dinero que tienes a tu alcance. Y luego, están todas esas pequeñas cosas que tienen que ver con suerte: el disco que sale en el tiempo correcto, la presentación que es vista por la persona correcta, el manejador correcto, la canción correcta, el programador que se enamore de ella y la apoye.

Les puedo decir de entrada que no es un camino fácil y tampoco es un camino recto; tiene mil cimas y valles y un millón de curvas inesperadas. Lo importante es no salirte del camino, no importa cuántas vueltas te haga dar.

El punto de partida es tener amor y dedicación a la música.

"Siempre le doy el mismo consejo a los estudiantes de música", dice Gabriel Abaroa, presidente de La Academia Latina de la Grabación, la entidad que organiza los Grammys Latinos. "Si estás en este negocio por el *glamour*, la fama y el dinero, ve y trabaja en un banco. La única razón por la cual estarás contento en este negocio es por tu amor a la música y tu amor por la gente que hace la música posible".

Esto puede sonar como una frase de cajón, pero diré categóricamente que no lo es. No lo es. No lo es.

"Yo nunca soñé con ser famosa", dice la cantante italiana Laura Pausini. "Yo solo quería ser cantante. Fue mi padre —quien era pianista de piano-bar— el que me hizo ver que de alguna manera conectaba con la gente".

A lo largo de este libro, he hablado una y otra vez de la pasión que los artistas sienten por su arte. También he hablado del proceso, de la parte técnica, del negocio. Pero el consejo principal es no olvidarse de la música en sí. "Para mí la apuesta es a la música. Y la música no tiene ningún problema", reitera Afo Verde, el chairman y CEO de Sony Music Latin America/Península Ibérica. "La industria cambió para siempre y no va a volver a lo que era. Es otra industria y va a seguir cambiando. Lo que no va a cambiar nunca es una gran canción. Y esa es nuestra bandera. Grandes artistas grabando grandes canciones".

"Enfocarse en la música", dijo el productor Sergio George, cuando le pregunté qué consejo le daría a un artista en desarrollo. "Aún es el negocio de la música. Es un negocio de buenas canciones, de grandes canciones, de buenas presentaciones, de gran música. Eso es todo. Si lo tienes, encontrarás el camino. El truco es enfocarse en la creatividad. Estamos vendiendo música. No estamos vendiendo pescado. No estamos vendiendo corbatas. Estamos vendiendo música".

Al final, todo empieza y termina con la música.

Agradecimientos

A mi agente Aleyso Bridger, quien trajo a la mesa la idea de este libro. A Erik Riesenberg y Carlos Azula por creer en el proyecto y llevarlo a Penguin. A Kara Welsh y Kim Suárez por apoyar, publicar y difundir estas palabras, a Cecilia Molinari por su edición impecable, a Billboard por brindarme la oportunidad de tener "el mejor trabajo del mundo" y, por supuesto, a todos los artistas, ejecutivos y fans que trabajan incansablemente por la música latina.

Apéndice:

LAS CONFERENCIAS Y LOS FESTIVALES

Quizás una de las oportunidades más menospreciadas y menos aprovechadas por los artistas en desarrollo son los festivales y conferencias dedicados a la música y la industria de la música. Pero hay pocas vitrinas más efectivas para darse a conocer entre líderes de la industria, mánagers, programadores y otros ejecutivos.

Hasta hace muy poco tiempo, estas conferencias eran escasas y, para muchos, eran caras y se hacía difícil llegar a ellas. Pero hoy en día hay muchísimas conferencias diseñadas para muchísimos usos y públicos, desde la Conferencia Billboard de la Música Latina —que reúne a los principales artistas y ejecutivos de la industria— hasta los distintos festivales de música organizados por gobiernos y municipalidades en distintos países, que son diseñados específicamente para promover el talento local.

A continuación, comparto doce festivales y conferencias alrededor del mundo cuyo contenido y oportunidades ayudan al músico en desarrollo.

1. Conferencia Billboard a la Música Latina: A sus veinticinco años, la Conferencia Billboard, que usualmente tiene lugar en Miami, es la más grande y la más antigua de la industria. Su eje son dos días de paneles que incluyen entrevistas con grandes ejecutivos de la industria, entrevistas con grandes artistas, talleres, estudios de casos prácticos, paneles sobre composición y producción y estudios sobre nuevas tecnologías, entre mucho otro contenido. Las noches están dedicadas a presentaciones de talentos nuevos y establecidos, culminando en los Premios Billboard a la Música Latina. Es un sitio excelente para artistas emergentes que quieran ser vistos por la industria, para estudiantes de la industria y para miembros de la industria que quieren aprender de nuevas tendencias y establecer contactos. www.billboardlatinconfer ence.com

2. Latin Alternative Music Conference (LAMC): Esta conferencia anual, que tiene lugar en Nueva York durante el verano, está enfocada específicamente en los géneros de música alternativa y *rock* en todas sus formas. El LAMC es un lugar excepcional para que nuevos talentos toquen frente a la industria y la prensa. Dado su costo de inscripción accesibles, muchos asisten y se pueden generar contactos y negocios interesantes. www.latinalternative.com

3. MIDEM: El gran evento de la música a nivel mundial, MIDEM se lleva a cabo en Cannes, Francia, en febrero, y reúne a la industria en todos sus niveles para cuatro días de exhibiciones, paneles, presentaciones en vivo y eventos. Un componente importante son las exhibiciones, durante las cuales muchos sellos y artistas independientes logran distribución de su música a distintos países. www.midem.com

4. WOMEX: Similar a MIDEM, WOMEX es una plataforma internacional de reunión para la industria global de la música. El evento de cinco días, usualmente en octubre, incluye exhibiciones, conferencias, cine, premios y, por supuesto, oportunidades de presentaciones en vivo. WOMEX se viene realizando desde 1994, cada año en un lugar distinto de Europa. Es un buen lugar para conocer agentes y sellos internacionales. www.womex.com

5. *Buenos Aires Feria Internacional de la Música (BAFIM):* Este evento de tres días tiene lugar en Buenos Aires en septiembre y reúne a profesionales de la industria a nivel global. Gracias a su escala más pequeña se presta para contacto más íntimo con panelistas e invitados. http:// bafim.mdebuenosaires.gob.ar

6. *BOom (Bogotá Music Market):* Relativamente nuevo, el BOom en Bogotá se perfila como un punto de encuentro donde productores, mánagers, creadores, agencias, marcas, editoras, especialistas en *marketing* cultural y artistas tienen una oportunidad ideal para intercambiar experiencias de negocios, ampliar los circuitos de recepción y consumo de sus productos culturales, ponerse al tanto de las nuevas alternativas de gestión musical y, sobre todo, abrir las puertas del mundo a la diversidad cultural colombiana.

7. *SXSW (South By South West):* Este masivo festival ofrece seis días de música constante. También hay paneles y exhibiciones pero, ante todo, es una excelente oportunidad para tocar frente a la industria y hacer publicidad en torno a la participación en un evento importante. Las bandas deben presentar una solicitud para ser consideradas para presentarse en un *showcase.* www.sxsw.com

8. The NAMM Show: Esta exposición anual que tiene lugar en Las Vegas y es organizada por la Asociación Nacional de Mercaderes de Música (National Association of Music Merchants) es el principal show para exhibir instrumentos, nueva tecnología, equipos y todo lo más reciente en el mundo de la tecnología e instrumentos musicales. NAMM también es un excelente lugar para dar a conocer nuevos artistas. www.namm.com

9. ASCAP "I Create Music" EXPO (Expo "Yo creo música"): Organizada por ASCAP, esta conferencia tiene lugar en Los Ángeles y está dedicada exclusivamente a los compositores y autores. Con un premio, la EXPO de ASCAP da oportunidad a cualquier compositor y autor para aprender sobre su oficio y aumentar su red de conexiones. www.ascap .com/eventsawards

10. Rio Music Conference: Con sede en Río de Janeiro, esta conferencia está dedicada principalmente a la música *dance*, pero también incluye un componente de conferencias y paneles. www.riomusiccon ference.com.br

11. BIME (Biskaia International Music Experience): Situada en Bilbao, España, ofrece paneles de alto nivel sobre el negocio de la música y nuevas tecnologías, un *"music market"* y conciertos en vivo. http:// bime.net/que-es/

12. Panama Jazz Festival: Organizado por el pianista panameño Danilo Pérez, este festival anual, creado en 2003, no solo presenta a los mejores artistas del género, sino que también tiene un componente educativo grande y da becas a estudiantes para que estudien música en las mejores instituciones del mundo. En 2013, 1.700 estudiantes de todo el mundo participaron en eventos educativos durante el festival. www.panamajazzfestival.com

Glosario

360 (contrato 360, negocio 360, arreglo 360): El término se refiere a 360 grados, queriendo decir que abarca todos los aspectos de un negocio.

Agente: El agente (*booking agent* en inglés) es comúnmente la persona encargada de conseguir y contratar presentaciones públicas para un artista. Un agente normalmente le cobra al artista entre un 10 y un 20%.

A&R (Artistas y Repertorio): El departamento dentro de una disquera a cargo de buscar artistas, firmarlos y ayudar a seleccionar su repertorio.

ASCAP (Sociedad Americana de Autores y Compositores): Sociedad de derechos de ejecución pública compuesta de más de 500.000 miembros que son compositores, autores y editoriales de todo tipo de música en Estados Unidos. ASCAP licencia y distribuye regalías por ejecución pública de sus autores. wwwascap.com

Billboard: La marca de música de más influencia en el mundo, conocida por sus más de doscientos listados que miden el éxito musical y que se actualizan semanalmente. La marca Billboard incluye a Billboard Magazine, Billboard.biz, Billboard Conferences, Billboard Bulletin, Billboard.com y Billboard en español.

BMI (Broadcast Music Inc.): Sociedad de derechos de ejecución pública que representa a más de 600.000 autores, compositores y editoras. BMI licencia y distribuye regalías por ejecución pública de sus autores. www.bmi.com

Demo: El diminutito de la palabra "demostración", se refiere a una grabación que no es final y que se utiliza con muchos objetivos, desde conseguir un sello discográfica a vender una canción o usar de referencia en una grabación o ensayo.

Derechos conexos: Los derechos de los artistas, intérpretes o ejecutantes y productores de fonogramas, en relación con sus interpretaciones o ejecuciones, fonogramas y emisiones de radiodifusión.

Derechos de autor: Un término jurídico que describe los derechos concedidos a los creadores por sus obras literarias y artísticas por un tiempo determinado.

EPK (Electronic Press Kit): Una carpeta de prensa "electrónica", donde toda la información vive en línea en un sitio web o se puede enviar por medio de enlaces.

Grammys y Latin Grammys: Los premios que entregan anualmente la Academia de la Grabación y la Academia Latina de la Grabación. Los Premios Grammys y Latin Grammys se otorgan por votos de los miembros de sus respectivas academias.

IFPI (International Federation of the Phonographic Industry): La organización que representa la industria de la música a nivel mundial, con más de 1.300 disqueras afiliadas en 66 países y asociaciones locales en 55 países (incluyendo la RIAA en Estados Unidos). La misión de IFPI es promover el valor de la música grabada, cuidar los derechos de los productores de música y expandir el uso comercial de la música en los mercados donde operan sus miembros.

LARAS (La Academia Latina de Artes y Ciencias de la Grabación): La primera organización internacional establecida por The National

Academy of Recording Arts & Sciences, Inc. (The Recording Academy ®). Con su oficina central en Miami, es una asociación de miembros compuestos por músicos, productores, ingenieros y otros profesionales creativos y técnicos de la industria de la grabación quienes están dedicados a mejorar la calidad de vida y la condición cultural de la música latina y sus creadores. La Academia Latina de la Grabación organiza la ceremonia anual del Latin GRAMMY®. www.latingrammy.com

Mánager: La persona que guía la carrera profesional del artista y lo ayuda a tomar decisiones en referencia a la misma. El mánager y el agente usualmente no son la misma persona.

Master Recording (Máster): La grabación final de una canción o disco que sirve de fuente para todas las reproducciones del mismo. El máster típicamente es propiedad de la disquera, a menos que el artista tenga un contrato de licencia o distribución.

National Academy of Recording Arts and Sciences (NARAS): La organización de miembros que organiza los Premios Grammy. Su misión es "dar impacto positivo a la vida de músicos, miembros de la industrias y la sociedad en general". La Academia tiene sede en Los Ángeles, California. (www.grammy.com)

Nielsen BDS (Broadcast Data Systems): El sistema que asigna una "huella digital" a cada canción que se toca en la radio estadounidense y mide el número de tocadas de una canción en cada una de las estaciones medidas. BDS informa los listados radiales de Billboard.

Nielsen SoundScan: El sistema que mide las ventas de música y videos en Estados Unidos, Puerto Rico y Canadá y que informa los listados de Billboard cada semana. Es la fuente oficial de ventas de música en esos territorios.

Tuenti: Red social española.

PPM (Portable People Meter): Un sistema de medición portátil que mide la exposición de las personas a estaciones de radio y televisión y determina el *ranking* y la sintonía de dichas estaciones.

Regalía mecánica: Las que se pagan por la venta de la canción en CD, disco, descarga digital, tarjeta musicalizada o cualquier otra forma de venta por unidad.

Regalía de ejecución pública: Las regalías de ejecución pública son las que se pagan cuando un tema se ejecuta en público, sea en un concierto o en la radio, televisión o cualquier otro medio.

RIAA (Recording Industry Association of America): El gremio que apoya y promueve la creatividad y viabilidad financiera de las principales disqueras del país. Sus miembros son los principales sellos disqueros que representan aproximadamente un 85% de toda la música que se graba y se vende de forma legítima en Estados Unidos. La RIAA es la encargada de certificar álbumes y canciones como Oro, Latino, Multi-latino y Diamante por sus ventas. (www .riaa.com)

Rider técnico: Un documento que especifica todas las necesidades técnicas y de logística requeridas de un artista para un *show*. El *rider* incluye información sobre equipos de sonido específicos hasta transporte y las necesidades del camerino. El *rider* se le entrega al empresario antes de un *show* y el empresario debe cumplir con los requerimientos del artista.

SESAC: Sociedad de ejecución pública con sede en Nashville y oficinas en Los Ángeles, Nueva York, Londres, Atlanta y Miami. SESAC selecciona a quién afiliar y su lista de afiliados es más pequeña que la de otras sociedades conocidas de ejecución pública.

Sociedades de ejecución pública: Las organizaciones que velan por el interés de los autores y las editoras y cobran regalías de ejecución pública. En Estados Unidos hay tres: ASCAP, BMI y SESAC. Cada país tiene por lo menos una sociedad de gestión pública.

SoundExchange: La sociedad de ejecución pública encargada de recolectar y repartir las regalías por ejecución en ciertos servicios de

radio satelital, servicios de Internet y canales de cable. (www.sound
exchange.com).

Work for Hire: Una obra creada como parte de un contrato de trabajo
en el cual quien contrata es dueño legal de la obra. Si se firma un
contrato de *work for hire*, el cliente es el dueño legal de la obra.

Nota de la autora

Las citas a través del libro, a menos que se indique lo contrario, provienen de entrevistas que he conducido con estos artistas a través de mis trece años como editora en Billboard y presentadora en *Estudio Billboard.*